神明想讓你知道的事

松柏坑囝仔的奇幻修煉旅程

邱風 著

CONTENTS ◆ 目次

貳

我在人間修行

參

神奇救度眾生

冥冥之中的牽引

在我的人生中很多的事情都是如此，看似平凡的人生卻不平凡，似乎有著一股力量牽引著我，包含要寫這本書也是，就像有一條看不見的線，牽著我完成了許多意想不到的事情。

如果問我說：「你曾想過自己會成為一個乩童嗎？」我一定非常果斷地告訴你：「沒有！」更不曾想過我會上電視節目、上新聞報導等等，甚至是我已經出了一本書，現在正要出第二本書，這些都是以前不曾想過的事情。

很多熟識我的人都知道，平常我會安排時間看書進修，我都開玩笑跟他們說：「以前是看到書就想睡，現在是沒有看書會睡不著。可能是在還以前不讀書的債吧，哈哈！」

在寫這一本書的時候，我幾乎每晚都輾轉反側！不是來自於本身的壓力大，而是來自於另一個空間的阻礙。由於我總是在晚上才開始寫文，夜深人靜時，腦袋格外地清晰，因此很常寫到半夜兩三點還沒睡。直到要睡的時候，卻總是睡不著、一直翻來覆去的，然而隔天一早還要處理很多事情，可以說是身心疲勞啊。

「道心一起，魔障則臨」，當我要將許多的觀念與妙法，化成文字來廣為流傳的時候，魔障自然而然的出現，干擾著這一本書的推動。我深知這句話的道理，所以我更應當將這些「正信」、「正知」、「正見」給推廣出來，當我睡不著的時候，我想著在床上也是浪費時間，於是我就起身洗臉打開電腦，將我未完成的文章給打好。直到完成了這本書的時候，我打開了陽台的窗戶，那道清晨的陽光照映進來！鳥叫蟲鳴聲似乎在歡慶著完成。

在你還沒深陷險境之前、在你還沒被痛苦所困之前、在你還沒喪失心志之前，既知正法是唯一的管道，為你所確需的，何不專心一致呢？既然獲得人身，空手而回，實屬可惜。

好好生活即是修行

我們處在資訊發達、科技先進的嶄新社會型態裡，其生活習慣與認知觀念是日新月異，隨時都有著新變化，許多的宗教與信仰也隨之改變，甚至有著許多似是而非的錯誤觀念廣為流傳，也會讓許多人在對於如何看待神鬼的這一方面上充斥著許多不正確的看法，且正不斷地擴散開來，最終將會導致人們越來越不相信「神」，所以在這一本書上面，我以自身的經歷來和大家分享與神連結的過程。

內容從如何拜拜延伸到修行，再從修行進入到修煉中，其實這些都是與生活環環相扣的，離不開我們的日常，要如何在日常中還能保有這些才是重點。希望能藉由我對修行的認知與修煉上的體悟，給予大家不同層面的收穫。本書第三章裡面也分享了許多案例故事，期盼讀者能在故事中多方探索，並得到屬於自己的啟發，祝福你們每個人都能夠擁有一趟「神的祝福」與「靈魂經驗」的閱讀收穫。

當我們內在的能力與靈魂甦醒後，你的人生會整個大翻轉，變得截然不同！甚至連你自己也會感到非常不可思議的，現在，準備好要開啟你的奇幻旅程了嗎？

第一章 我與眾神相遇

「來往光陰數百年，再入凡塵將願圓」

雖然小時候喜歡跟著遶境陣頭湊熱鬧，但從來也沒想過自己有天會成為一位替眾生消災解惑的神職人員啊……我們每個人生下來都帶有一份任務跟使命，有的人就是盡責地扮演人生中的角色，照顧自己利益他人；也有的人註定要遇上種種困境，在解決問題的過程中苦其心志勞其筋骨，不斷地鍛鍊身心對抗苦難的能力，而進化成能夠幫助他人的人。

與松柏坑帝爺公的因緣

具有三百多年歷史的守護神

小時候總喜歡靜靜地站在我爸身後看著帝爺公辦事，
祂看起來很嚴肅卻又格外慈悲，
我心裡總想著我要趕快長大，
變成像爸爸、叔叔那樣，
可以跟隨帝爺公南征北討、降妖伏魔。

我是松柏坑囝仔，從小圍繞在松柏嶺受天宮周邊生活長大。

兒時，我總喜歡站在廟前戲台上或是三樓靈霄寶殿外的走廊，看著從各地前來的進香團，霎那間，整個廟埕被進香團人潮塞得滿滿的。

以前流傳了一個傳奇故事，至今仍時有所聞，就是玄天上帝坐擁了一處好地理，不論有多少人前來朝聖，廟埕都能容納進來，有如哆啦A夢的異次元百寶袋般，通通裝得進去。

當進香團絡繹不絕湧入廟埕向玄天上帝祝壽與進行割香（刈香）儀式，當中有許多藝陣，如開路鼓陣、梨園南北管、舞龍舞獅、宋江陣、鬥牛陣等，每個陣頭都相當用心地演繹著民俗文化。

進香團中也有很多乩童，他們穿著樸素的白色馬裙或繡工精美的龍虎裙，一手持七星劍、鯊魚劍等法器，一手持著令旗、清香，腳踏七星步威風凜凜地展現神威，有的還會在廟埕擺上七星火，由乩童帶領著信徒過火消災保平安。

玄天上帝的由來，一開始是源自於對星宿的崇拜，而這顆星星也是非常重要的一顆，就是我們航海的守護星「北極星」，因此有一說是對北方玄武星宿的崇拜進而擬人化的。

在道教中有很多經典裡面提及許多玄天上帝誕生的由來，較為人知的是太上的八十二化身—淨樂國的嫡傳太子。當時的淨樂國王因膝下無子，突然有一天，善勝皇后夢見自己將太陽吞進口中，隨後便發現自己懷孕了，據說是玄天上帝符太陽之精，托胎化生於皇后的腹中。當玄天上帝十五歲時，向道修真之心已漸增，每日勤奮修行，不想繼承王位成為淨樂國王，一心只願救蒼生脫離苦難，於是他捨棄了王位，進入武當山修行，拜「妙樂天尊」為師，又獲得「豐乾大天帝」送了把七星寶劍給他，勤勞修煉四十二年後，默會萬真，大得上道，昇舉金闕。

玄天上帝還有另一個版本的故事，主要是源自於《北遊記》，據說生前是一位屠夫，以殺豬為業，有一天他突然心生悔悟，感覺自己殺生太多、罪孽深重，於是他在河邊剖開自己的肚子，將五臟拿出來在河中洗淨，因此感動上天修成正果，成為了「放下屠刀，立地成佛」的典故。而祂丟在河中的腸胃，經年累月吸收天地精氣後，竟幻化龜蛇危害世人，於是玄天上帝下凡收伏。

在我的心目中，玄天上帝就像是一位偉大的父親，總是為了每一個人負重前行，祂在處理事情上總有著威嚴的氣場在，但是過程中能深刻感受到祂的仁慈，就如《玄天上帝寶誥》裡面寫的「仁慈正烈」；而祂更像是一位有著大智慧的長者，面對世間百態總能運用著各種方式來引領人們，讓我們可以學習祂的精神走向正道。

阿嬤曾跟我說過：「很多的帝爺公，都是從我們這裡出去的，所以他們一回到家就很開心，就像你去讀冊回到家就很開心那樣。」

廟裡廟外不時傳來吹鳴牛角的聲音，仔細一看，是各門派的道長、法師揮舞著令旗寶劍，踏著禹步行罡步斗，進行安營召兵、開光點眼、進香請火等儀式。

時常，廟裡和廟外都相當精彩，讓我不知道要先看哪一場，只好廟裡看一些、廟外也看一些，所以我就這樣跑來跑去湊熱鬧，常常看到吃飯時間到，都忘了要回家吃飯，還讓阿嬤來帶我回家呢！就知道我看得多著迷。

在阿嬤牽著我一起走回家的這段路上，只要有進香團從我們旁邊經過，阿嬤總是雙手合十向神明參拜，我也跟著阿嬤一起行禮。

在阿嬤那個年代，雖然科技不如現在發達與先進，但是她對於天地神祇的敬畏心，並不會隨著時代的進步有所改變，依然虔誠地感恩每一位神明的眷顧。

偶爾阿嬤看到比較奇特的，還會很可愛的說：「你看～遐是查某乩，擱真威風！」

沿著廟埕的街上有許多攤販，大腸包小腸、茶葉蛋、烏來糖、飲料，阿嬤總喜歡買一包番仔豆，然後我們嬤孫倆一人抓一把番仔豆，邊吃邊聊天地走回家裡。（番仔豆是一種樹豆水煮之後，拌鹽、蒜仔、青蔥的一種古早味零食。）

只要在我們村莊隨機找上一位長輩，都能說出一段有關於玄天上帝的故事，從他們眼神中都能看見長輩們對玄天上帝的景仰和感恩，所以我很愛追著長輩們，聽著他們說玄天上帝的傳奇故事，腦海裡還會浮現出相關的想像畫面，這些對我來說可是比電視上演的還精彩呢。

例如：玄天上帝收水鬼、收黑狗精、修理歹心的法師等等太多太多了！這些應該夠我寫好幾本書了吧！哈。

尤其是聽到爸爸或叔叔要跟帝爺公出去辦事，我總是吵著要跟，只要聽到晚上可以跟他們一起去，我總是開心到不行，一定早早就把該做的事情做完，為了就是可以看到帝爺公辦事。不過也不是每一場辦事我都可以去，因為有的案例不宜小孩在場（例如：處理陰煞、替喪家找尋下葬的寶地。）

而我們家也不例外！不論是有人要嫁女兒還是娶媳婦，就會迎請帝爺公做主幫忙看日子，或是當身體不適、看醫生又不見成效，也是迎請帝爺公前來處理。

祂像是我們的大家長，照顧著祂們每一位子民，不論大小事情都關心著，因此我感念著玄天上帝給予的恩惠，在高中時期發心造像虔誠地供奉頂禮。當時那張神像訂購單上面，寫著密密麻麻的金額，因為我把爸媽給的零用錢一點一滴地存下來，累積到幾千元的時候，就迫不及待地跑到雕刻師那裡把錢交給他，希望能夠早一日將神像請回來。

回想自己小時候算是一位活潑又調皮的小孩，也曾讓玄天上帝幫我處理了幾件事情。其中一件是在我小學六年級，當時總愛騎著一台捷安特腳踏車，超拉風的！下課後總和同學們騎著腳踏車四處溜噠。

有天下午，我們騎在一條產業道路上，看到路旁茶園裡有座大土堆，紅色的土堆前面有塊剖半的石頭。我們停下腳踏車，開始在路上茶園裡玩耍，其中一位同學突然想到一個遊戲。

A同學說：「我們撿石頭來丟，看誰丟得準！」

B同學說：「那要丟什麼啊？」

我說：「不然！我們丟那一塊石頭啊！輸的人要請珍奶嘿。」

（那時期正好泡沫紅茶店興起，珍珠奶茶可是每位小孩的夢幻飲料啊！）

我們各自撿了一把小石子，丟了幾回合後，我手裡的那顆小石子滑過紅色土堆，直接命中前面那塊石頭。

「ＹＥＳ！」我高興地跳了起來，順利贏了一杯珍珠奶茶。

爸媽看到我拿著珍珠奶茶回家時，有點疑惑地問：「為什麼你有珍珠奶茶呢？」

我喝著珍珠奶茶開心地說：「同學請的，因為玩遊戲贏了！」

吃完晚餐之後，我身體開始不舒服，整個人很疲倦、頭很暈，所以早早就躲在房間裡，也不敢跟爸媽說，怕以後都不能喝珍珠奶茶了。

當晚，爸爸問我：「今晚帝爺公要去辦事，你要跟嗎？」

我故作鎮定地回：「爸，你去就好，今天我不想去。」

有戶人家請玄天上帝辦事，爸爸聽到我沒有要去之後，他獨自騎著機車出門去幫忙。

後來，我躺在床上睡覺，霎那間，我感覺到全身動彈不得，試著要爬起身來卻完全動不了！想開口叫我媽，但連嘴巴也張不開，更別說叫出聲來！這個感覺逐漸蔓延開來，我極力想要起身抵抗，卻感覺到一股力量重重的往我身上壓，肚子明顯陷了下去，最後連呼吸也變得困難。

這讓我超害怕的，只能一直在心裡面喊著爸媽和玄天上帝，希望媽媽可以發現到我的異狀，或是等爸爸回家叫我起來，還是玄天上帝可以瞬間讓我恢復正常。

不知道我在心裡吶喊了多久之後，爸爸回來了！他一進門打開了房間燈，非常憤怒地朝我的臉甩了一巴掌，超響亮「啪！」的一聲。隨後爸爸用著超憤怒的語氣罵著：「乾！是咧吵三小！」

莫名奇妙被打了一個大巴掌後，還被爸爸兇，心裡超委屈的，然後我哭著說：「爸～我剛不能動，也無法說話！你幹嘛又打我啊……」爸爸馬上調頻，用父親關愛小孩的語氣說著：「沒事了啦！把這杯水喝下去就好了。」

爸爸隨即端出了一杯水，看著我喝下去之後，還有些擔心的說：「今晚我和帝爺公去辦事，祂說筆生你小孩有外陰纏身速速回家！然後開了一張符要給你喝。帝爺公交代我，一看到你的時候要先打一巴掌，打完要大聲地罵你，然後再給你喝水。」

聽完爸爸這番話，我驚覺到真的是那個巴掌後，那些症狀也消失了，才能爬起身來說話。

爸爸趕緊叫我把睡衣換掉，然後騎機車載我去廟裡，印象中那時候應該已經是凌晨了。來到廟裡，發現我的叔叔伯伯們，他們都已經準備好物品在等候玄天上帝的降臨。

沒多久後，帝爺公降駕了！帝爺公手持七星寶劍在我的身前比劃著，彷彿畫了一張看不見的符守護著我，隨後帝爺公開了七張靈符，並囑咐爸爸連續七天都要燒化銀紙，而這七天內我不能出門，連上學也不用去，就放了七天的「卡到陰假」。

待七天一過，我恢復了自由，就又騎著心愛的腳踏車出門，一路來到泡沫紅茶店買了杯珍珠奶茶，邊喝著珍奶邊想著等等要去哪裡玩。

「啊！我可以來買水鴛鴦玩！」開心地騎到柑仔店買了一盒水鴛鴦，再騎到七天前的案發地，那條產業道路旁的茶園裡。停好腳踏車後，我走到茶園裡那座土堆旁邊，環視四周確認都沒有人。

「嗯，很好！都沒人。」我吸了一大口珍珠奶茶，先把口中奶茶喝光，然後用吸管吹出口中的珍珠，就像發射子彈那樣，一顆接著一顆黏在那塊石頭上。

「看你還敢不敢來壓我！我可是有機關槍的哦⋯⋯」說完，我嘴裡的吸管接著發射珍珠。沒多久的時間，我手裡那杯珍珠奶茶只剩下奶茶而已，裡面的珍珠已經全黏在那顆石頭上面。我跑去腳踏車上拿來一盒水鴛鴦，我認真察看土堆上面有沒有小洞，然後將水鴛鴦插在裡面隨即點燃，「咻～」碰一下很大聲。「碰！碰！碰！」一發接著一發的爆竹聲，塵土隨之飛揚起來，當下越玩越起勁，玩到快天黑時，我才趕緊騎著腳踏車回家。

沒想到那晚馬上做了一個噩夢，夢到有個黑色人影一直追著我，我拼命地往前跑，連頭都不敢回，就在快被追到的時候，我的腳踝突然被人牢牢地抓住，一個重心不穩踉蹌跌倒在地，這下我也從床上驚醒過來。當我醒來的時候，心裡慶幸著這只是個夢而已，卻不知道這個夢會真實地影響到我。

隔天，我的腳踝很痛，上面還有一個很深的抓痕，過沒多久抓痕竟然腫了起來還透著瘀青。之後連續好幾天，只要一睡著就做噩夢，而夢裡的場景與情節都是一樣的，睡醒時身體就會多出好幾個瘀青與傷痕。心中不禁猜想這些情況會不會跟我前幾天在茶園做的那件事情有關，所以也不敢跟爸媽說，怕他們知道後一定不會放過我。不過爸爸看我那陣子精神不濟、飯也吃不下，一直喊著頭暈想睡，可是晚上睡又睡不好，入眠沒多久後就開始說夢話。

於是爸媽請玄天上帝來家裡處理，當帝爺公一降駕，立刻持著七星劍，步伐急促地將我家上上下下裡裡外外巡視過一遍，似乎在驅趕著什麼東西；儀式的最後，帝爺公開了好幾張符令，囑咐我爸使用。那晚最有印象的是，我的棉被上面貼了七張符，猶如七星陣守護著我，當晚便相當好睡，瞬間秒睡！聽爸爸說就沒有像前幾夜那樣會說夢話。

不過那晚睡著後，我又做了一個夢，夢見我在廟裡參拜著玄天上帝，像平常一樣在廟裡走來走去的，大殿上突然有一位穿著紅色ＰＯＬＯ衫、年紀約七十幾歲的老阿公叫住我，夢裡的我對這一位老阿公相當熟悉，還叫他叔公。

叔公有些無奈地對著我說：「義仔啊！不要那麼造孽啊，不然我們這些長輩會處理不完啊。」

「叔公，好啦！我以後不敢了啦！」非常心虛地回覆著。

叔公走了過來摸了摸我的頭，他笑著說：「不要只顧著玩樂，要學著幫助別人，當你想要幫忙別人時，自然就會有人來幫你。」

當下我其實聽不懂，只好勉強地回答著：「叔公，我知道，別再唸我了。」

叔公彷彿可以看透我的心那樣，他笑著說：「現在聽不懂沒關係，日後你會想起我說的這些話。」

我抓著頭有些不好意思地說著：「被你發現了！不過我會將這句話記住的。」

叔公拿了一把七星寶劍送給我，夢裡的我還很可愛的問著他說：「這真的是要給我的嗎？但是我還是小孩子誒，真的可以拿嗎？」

叔公點點頭，笑著對我說：「可以，這就是要送你的，拿去吧！」

當時連續劇《飛龍在天》超火紅的，所以夢中的我接過寶劍之後，就邊唱著《飛龍在天》主題曲邊舞弄著寶劍，想像自己是位武林高手。叔公坐在一旁的椅子上，看到我把七星寶劍當成玩具在耍之後，嚴厲地喝斥著我：「這支寶劍不是讓你拿來玩的，而是以後要讓你救人用的！」

被他這麼一罵我就醒了過來，在這個夢之後，我平凡的人生開始了一些不平凡，雖然當時我還是一個國小生而已。一直到今天，我還是覺得「靈」的力量是多麼地不可思議。

永遠對萬物抱持尊敬心

與眾神的民間信仰，環繞在台灣人的常民生活裡，不論每個人的宗教偏好為何，只要願意相信，那份「信念」便會產生力量，帶領你度過任何難關。

「莫因善小而不為，莫因惡小而為之」，對一花一草或蜉蝣天地，都保持著尊敬的態度，才是與自然、與世界平和相處之道。

會說故事的夢中叔公

做好事真的有好報嗎？

這一位穿著紅色衣服的叔公，
三天兩頭地出現在我夢裡，
一開始我並沒有將這件事情放在心上，
但是自從時常夢到這一位叔公之後，
不禁心想他該不會真的是我的親戚吧？
於是我把他的樣子講給家人們聽，
大家似乎都對他沒有印象，
包含我阿嬤也是……

印象中，剛開始夢到他的場景都是在廟裡，有時候他會坐在廟埕的長板凳上面，邊搧著扇子邊跟我說故事，樣子看起來像極了一位閱盡世俗百態的老人，說話很親切和善、又有著一抹瀟灑的風味。有時候我覺得他很像是搬演布袋戲的人，他在說故事時，聲調語氣會隨著故事內容而起伏，說到重點的地方還會添加音效進去，我也不時被他的音效給嚇到。我總感覺這些故事好像是他的親身經歷，他用靈魂述說著每一則故事，而我也將這些故事記在靈魂之中。

每每當他說完故事時，總會問我聽完故事有沒有什麼感想，或是問我故事裡面的大綱與寓意，我只要沒有回答出他滿意的答案，他就會繼續說著那篇故事，直到說出他滿意的回答，才有新的故事可以聽。叔公說了很多的故事給我聽，其中一則是：

『以前我們村莊裡面有一位善於經商的生意人，他靠著賣雜貨認識了很多人、也賺了很多錢，他對外人都很豪爽，只要是客戶一來，總是大魚大肉的招待；他也會捐助很多金錢去做善事，捐白米、捐棺材，只要是可以出名的善事幾乎都有他的份。在很多人的眼中，他算得上是一位成功人士，不過他對家裏人卻沒有這麼大方，他的父母不曾吃過好吃的，總是讓他們吃請客剩下來的菜尾仔！

後來他的母親生病臥床不起，他也不曾去照顧過，都把母親丟給年邁的父親照顧，過沒多久，連他的父親也病倒過世了，只剩下這位臥病在床的母親。但是這位生意人一樣只顧著賺錢，即使母親大小便在床上，也是久久才去清一次，並罵著他的母親為什麼要讓他這樣把屎把尿，他可是一位有頭有臉的人士呢！不過，他也很會做表面功夫，在外人面前都表現得相當孝順。

後來這位生意人染了一個怪病，身體長滿了膿瘡，奇癢無比，白天站也不是坐也不是；晚上只要一躺下去，就會壓破很多膿瘡流膿疼痛，那可是生不如死啊！他求助過好幾位醫生，都無法將這個怪病給治好，即使最後他跑去求神拜佛也沒有用，最終沒多久後就死了！』

夢中的叔公問我說：「做好事就會有好報，那我問你，為什麼他做了那麼多的善事最後卻沒好報呢？」當時我回答：「因為他對他的爸媽不好，所以神明才不幫他，還有就是他做的善事，是要做給別人看的。」這一則故事便深深地印在我的腦海裡。

我們要知道凡事都有因果循環，更要知道「百善孝為先」，我們要先懂得感恩父母、孝順父母，有他們的養育方有今日的我們，再來就是行善一定要出自於內心的善念才是「實善」，不然一切都只是「虛善」。

神明想讓你知道的事

說出來不怕人知道的是，在問事過程中，當我們帶著糾結困惑的疑難雜症前去，從神明端接收到的訊息，有時候並非都是意想不到的天機，反而更多的是做人處事的基本道理。知道不難，難在從心做起，曾被教誨過不要光是只用頭腦去計算利害得失，要讓「心」去帶給你答案，當下聽到時，還真是丈二金剛摸不著頭腦，連頭都摸不著、更別說摸得到心了。

雖然至今仍無法明確闡述何謂從心做起，也或許每個人都會給出不同表述的解釋，但可能就是當你見眼前有難、還來不及去思考自身得失就起身行動的那份直覺吧。

向神明請益，有時候其實並不會在問問題的當下就直接獲得答案，而是在自己沈澱之後、又經歷過，可能需要幾天、幾個月甚至數年的時間，那份最終的領悟才是解答，也是讓自身能夠永遠記得的體驗學習。

藤條的教育

喚醒內在的靈魂記憶

對我來說，夜晚總是比白天來得精彩豐富，
每一晚總有不一樣的旅程等著我。
在旅程中，我找尋著失落的靈魂拼圖，
一片接一片的拼湊，
直到某天將這幅名為「前世今生」的拼圖給拼湊完成……

這位夢中叔公除了會講故事之外，還會帶著我四處去郊遊，不過都不是去那些有藍天白雲綠油油草地等景點，最常在夢裡出現的都是一些奇異的場景或是枯燥乏味的地方。不過在每一個場景裡，叔公總能說出一大堆道理和知識，有點像是校外教學的概念。

有一回我和叔公來到一排住宅區的外面，從外觀上看屋齡有些老舊，叔公神情自若地走在我前面，到某一棟樓房前停了下來，他轉過身來告訴我：「義仔啊，你看這條路的水，流下來剛好對到這棟房子。」

我在旁邊認真聆聽著，眼神也順著叔公的話看了過去，我回答著：「對啊，這樣不就很常會淹水？」

叔公手搭在我的肩上，語氣輕鬆地說著：「是啊～除了很常會淹水之外，這個住了也是會有影響。」

「當然會有影響啊！這樣下雨天還要在那裡舀水就很麻煩了！」我也回應著。

叔公聽到我的回答之後，噗哧一聲笑了出來，隨後他手指著這棟房子上方的一面鏡子，叔公說：「你說的也對啦！但我要跟你說的不是這種影響，而是看不見的影響。所以你看哦，他們才會在上面掛這面鏡子，這種鏡子的名稱叫做山海鎮。」

我抬起頭來看向屋子上的鏡子，鏡子上面畫了很多東西，有八卦、高山、大海、符，我好奇地問著他：「那要做什麼的？」

叔公語重心長地解說著：「這是當房子外面遇到一些煞氣，放這面鏡子來把煞氣化解掉。鏡子上畫了高山和大海，象徵有高山與大海守護著，煞氣沒辦法進到家裡，會被擋下來。而八卦是後來才加上去的，若家裡有人在做生意，就可以招財。」

我看著那面山海鎮，很崇拜地說著：「這樣很厲害誒！」

叔公笑著說：「但是也要用對方法，這個鏡子才有效啊！不然光是唸唸開光咒，就可以將山搬過來、將海倒過來嗎？」

我非常好奇地問著：「那要唸什麼咒才有用啊？」

叔公語重心長地說：「其實要懂得那個訣頭才有用！不然都是表面功夫而

已。」

「那什麼是訣頭？」我很疑惑地問著。

叔公笑了笑說著：「訣頭，就是道理、源由，也是一個不能說的秘密。」

我追問著叔公：「為什麼不能說呀？」

叔公說：「因為說了就不是祕密了！」

不過這些話還是阻止不了我的好奇心作祟，我一樣追問著叔公說：「那要怎麼做才會讓這面鏡子有用呢？」

叔公似乎抵擋不住我的追問，他勉強地說了幾句話給我，他說：「山海鎮，顧名思義就是用山與海來鎮住煞氣、抵擋煞氣，那麼就是藉由這面鏡子產生作用，要搭配專門的做法才會有用。例如：煮大麵羹不放大麵放米粉，那怎麼可以叫做大麵羹呢？這樣你聽得懂嗎？」

「我聽得懂啊！所以那個專門的做法是什麼啦～～～」重點還是沒有說出來，我只好繼續死纏爛打的追著。

叔公看到我的反應，沒有生氣或是不耐煩，反而還很開心呢！他說：「其實重點沒什麼，就是那幾點而已，一定要知道原理在哪裡，上面的山海就是移山倒海來轉移掉煞氣，八卦就是用來鎮宅保平安。其他的你以後就會知道了。」

「好哦！那我要趕快長大，哈哈！這樣我可以學到這個法術和功夫，變成像林正英那麼厲害，就可以對付殭屍。」

說到這裡時，叔公苦口婆心地勸：「其實每一件事情都是一樣的道理，要認真學、認真練習，這樣才會成功。例如：總鋪師也是要先學煮菜，學起來之後還要努力地練習，這樣煮出來的菜才會好吃。你一定要記得，這個世界上並沒有一步登天的事情，靠的是努力，知道嗎？別去追求外面那些花俏功夫。」

那時我聽不太懂叔公的這一番話，我問他說：「什麼是花俏功夫啊？」

叔公當下面有難色，似乎不知道如何解釋，最後只丟了一句話給我：「反正就是以後你就知道了。」

直到後來我才知道當時夢中的這一番話，給我一個實實在在的認知觀念：不需執著在虛相之上，很多事情並非是只有表面看到的那麼簡單，就像有句話是這麼說的：「外行人看熱鬧，內行人看門道。」不論做什麼事情，要當一位有真材實料的人，而不是當一位外表光鮮亮麗、舌燦蓮花卻沒有真功夫的人。

這些奇幻的夢境也陪了我好長一段時間呢，可能是隨著年紀的增長與生活狀態的改變，上了國中之後，就很少夢到這位叔公了，也很少會回想到那段奇幻的經歷。

直到後來，在我剛踏上辦事這條路的時候，內心是很掙扎的，因為我怕自己能力不足無法幫助別人，更害怕親戚朋友們會用異樣眼光看我，所以一開始我並不想讓人家知道自己是一位乩童，甚至刻意的隱瞞這件事情。

不論人家提到什麼靈異事件或是說到什麼神鬼問題等，我始終裝傻將自己偽裝成一個麻瓜，很多時候，聽到許多不正確的觀念、錯誤的做法，都差一點說出口來！但為了避免我的特殊身份曝光，我依然守口如瓶隻字不提。事後，我內心就會開始糾結，天使跟惡魔就會開始交戰。天使會說：「你為什麼不幫幫他們！明知道那個老師是騙人花錢的，你要去阻止他們啊！」惡魔會說：「說了反而會被罵，你懂個屁啊！別去多管閒事比較實在，你才剛成為乩童，資歷還比別人菜。」每每內心交戰的時候，我總是選擇了惡魔這一邊，不敢表現出自己所擁有的這些能力或見解，因為這並不在我的人生規劃裡面，我不曾想過會變成一位神職人員！更不曾想過會擁有這些能力！

不過，那段時期也算是我重生的開始，自從父母接續病倒之後，我們一家人如今又恢復了以往幸福的生活，每天下午陪著爸媽散步運動，當我走在爸媽身後，看著他們兩個邊走邊聊天，感到格外幸福，心想能夠再次重拾安穩生活真的感激萬分。

儘管很感謝上蒼與眾神的恩賜，讓我的生活可以再次翻轉過來，但還是不夠勇敢、遲遲不敢踏出那一步，每當爸媽聊到這個問題的時候，我總是輕描淡寫的帶過、甚至裝做沒聽見。

有天下午，我們一如往常的散步運動，我媽突然說有段時間沒到廟裡拜拜了，於是我們就走到廟裡向玄天上帝奉香。那天回家後，我做了一個很奇怪的夢，夢裡我和爸媽正在爬山，覺得這個山路好像來過，有一種熟悉感。待我們一路走到山頂上，那裏佇立著一間古老的廟宇，當我們走了進去，一股熟悉的感覺襲來，彷彿我們很常來這間廟宇的樣子，就像是回到家的那種感覺。

而在我們一家人手持清香參拜的時候，突然傳來了一個聲音：「怎麼現在才來！你知道我等你很久了嗎？」

我被這個聲音吸引轉過頭一看，一位穿著紅色衣服的老阿公對著我說話。原來是之前那位夢中叔公正在喊著我，我很高興地回應：「叔公～你為什麼要等我啊？」

但是叔公一改以往的親切，神情嚴肅不容開玩笑的模樣，正經地說：「出生即定，聖任於命，莫再蹉跎，枉費內靈。此時不教，更待何時！」

「什麼？」我疑惑地問著。

「玉不琢不成器啊！」叔公話一說完，拿出一支藤條往我身上一抽。

「哎呀！痛啊！」我整個嚇醒坐在床上，冒出一身冷汗，摸了摸我的屁股，好像還有剛才殘留的疼痛感。

後來我一直在想著夢中叔公對我說的這段話，我清楚地知道他說的意思是，很多事情是在出生時就已經註定，上天賦予了神聖任務在我的生命中，不能再蹉跎歲月虛度光陰，枉費了靈魂裡宿世累積下來的能力。

我雖然聽得懂叔公說的話，但知易行難啊！因為心裡的那道坎始終跨不過去，畏懼與擔憂一直讓我不敢前行，更別說如何幫助別人。

隔天我走到廟裡，靜靜地坐在石獅子旁的長板凳上，看著來來往往的人群，腦海裡回想起以前時常夢到這位「紅衣叔公」，距離上一次應該也快十年了吧！光陰飛逝啊，一眨眼已過十載。

霎那間已近黃昏，夕陽餘暉斜照在廟門上，薄暮中清晰聽見廟內鐘聲一響，法音遍佈十方，而沉睡的靈魂因此被喚醒，我慢慢地閉上雙眼，沉浸在傍晚的微風中，風裡面更有一抹淡淡的檀香味，心也跟著平靜下來，煩躁不安也隨著風而去。

靜靜地思考著昨夜的那場夢，叔公的那番話猶如當頭棒喝，狠狠地敲醒我這個迷途的孩子，藤條一甩打在身上，是種愛之深責之切的期望，期望著我可以嶄露出靈魂所帶來的任務與能力。

隨後卻看見一道毫光，毫光中現出三尊神像，金光閃爍的金身，光華璀璨亮眼。這絕對不是夢，絕對不是夢，而是真實浮現在我的眼前，不！應該是說浮現在我的腦海中，因為我閉著雙眼。

有個聲音傳來迴盪在我耳邊，這聲音說著：「受命於天」，另一個聲音又說到：「崇玄受恩」，第三個聲音說：「奉道而行」。聲音消失後，眼前景象即刻退去。睜開眼睛，夕陽已經西下，雲間一抹嫣紅，是餘暉！是祝福！我看天邊的這一抹嫣紅，我告訴自己說：「不能愧對聖恩，假設太多反而是困住了自己前行的腳步，我更要把握人生難得的機會，來履行這個神聖的職責。因上努力，果上隨緣，不論成敗與否，至少問心無愧。

如果有人說你帶天命？

常常會聽到有身邊人分享著：「誰誰誰說我帶天命耶！所以我要去辦事嗎？我該修行嗎？」真要嚴格來講，每個人都具有跟靈魂溝通的「天賦」，只不過這天賦並非一出生就隨時開啟著，而是要透過自身的修行與練習，才有辦法掌握溝通的「能力」。

但獲得此能力的大前提是，你必須先準備好自己的心態，探問自己：「為什麼會想獲得這樣的能力呢？」若只是為了滿足私慾、或是另有意圖，那麼修行的過程中將會很容易誤入歧途；若是為了尋求自身起源、或發願利益他人，那麼具備對神明、各種靈魂的崇敬心，則是最基本的要求。

與九天玄女的約定

數百年的緣份於此世相遇

東螺天后宮清雅的殿堂裡播放著古典音樂，
讓人想一直在這裡坐著，
而廟宇前方的稻田已經結成穗，
飽滿謙虛地低著頭。
我與建成師兄坐在長板凳上聊著天，
講述這一尊「九天玄女」的淵源與脈絡，
在談話中令我深深地感受到跟娘娘的緣分是多麼奇妙……

當時我會走上濟世的這條道路，林建成師兄是牽起這段因緣的貴人，回想起第一次與他見面是在我當替代役的前幾天，好友鎮宇騎機車載我一起來彰化北斗晃晃，直到我們兩個吃完了肉圓與挫冰之後，莫名其妙地經過這間「東螺天后宮」。

當這座莊嚴巍峨的宮廟出現在我眼前的時候，我被吸引住了！趕緊對鎮宇說：「芋仔，騎進去！我們進來這間廟裡拜拜。」（鎮宇是我從小到大的一位好友，而芋仔是他的綽號。）

我們兩個人猶如劉姥姥逛大觀園的模樣，進到廟中還沒點香參拜，眼光就被廟裡擺放的神像給吸引住，兩個人看了許久後才想起還沒參拜，匆匆走去買金、點香拜拜，順著參拜指引走了一圈。

鎮宇說：「這間廟真的很美！」

「氣氛超好！在這裡整個覺得很輕鬆自在。」我看著裡面的擺設，情不自禁地說著。

正當我們兩個人邊走邊欣賞著這座唯美的殿堂，沈浸在古典音樂烘托的優美氣氛裡，身邊出現了一個人，見他穿著時髦、手裡拿著兩瓶水，笑著對我們說：「天氣熱，喝個水！你們住哪裡的，怎麼會來到我們這裡參拜呢？」

我們接過水後，鎮宇笑著說：「我們住在松柏坑，今天來北斗走走。」

我接著說：「我們騎機車經過你們外面的時候，有一種很想進來拜拜的直覺，所以我們就進來了。」

隨後，這位大哥拿出名片給我們，他很熱情地說：「歡迎你們來到東螺媽，有空歡迎你們常來哦！這就是代表你們與我們這裡的神明有緣，所以冥冥之中才會走到這裡。」

我看了名片上面的名字，原來眼前的這位大哥叫做林建成，雖然是第一次相見，但卻有著一種熟悉感，當天也相談甚歡，並無年齡上的隔閡代溝。

後來，我時常往這裡跑，總是獨自一人騎著機車來到天后宮中，靜靜地看著殿內的神像與文物，或是聽著建成師兄說著古東螺的歷史脈絡，因此知道在我們山下的北斗鎮是充滿著許多故事與人文風情。

直到我當替代役回來，再次與建成師兄牽起一段更深的因緣！而這段因緣也是促成我找回本身的使命與九天玄女娘娘的緣份。

這就要從我國二的時候說起，有一天爸爸的身體出現了異樣，會不自覺顫抖，身體中各式各樣的疾病接踵而來，整個人暴瘦到皮包骨，而且變得不愛說話、不愛面對人群、以前那位愛說笑開朗健談的爸爸，卻變得連我都不認識了。

他開始討厭生活、甚至討厭吃飯，一餐最多吃個幾口就不想再吃，我們擔憂他的身體會負荷不住，總希望他可以多吃一點，但結果還是一樣。原本以為他是身體出現了什麼不適，也陸續看過很多位醫生，後來在一次的看診中，才知道爸爸已經罹患了憂鬱症，儘管醫生隨後安排了相關的藥物治療與心理輔導，卻都不見其效！當時也做了身心障礙的鑑定，我的父親被判定為「極重度」，從此之後家裡每一天都籠罩在低氣壓之下。

我媽看到這樣於心不忍，一直尋找有沒有什麼方法可以讓爸爸好起來恢復正常，只要聽到人家說有什麼偏方或是珍貴稀奇的藥物，都會想盡辦法買回來給爸爸，或是聽人家介紹哪裡的神壇厲害，不論多遠的地方，我媽都會包車前去請示。甚至人家推薦哪位老師可以處理好爸爸的事情，不論需要花費多少錢，也都會請來幫爸爸處理。每天我們母子倆總是期待著爸爸可以早日康復起來，但是最後的結果都是竹籃打水一場空。

我們也曾迎請帝爺公過來處理，帝爺公指示著這一切都是運，也是人生中無法避免的一個過程，祂會看顧著爸爸。往後好幾年的日子裡，我的六叔只要跟隨帝爺公出門辦事，總會祈求著帝爺公賜予靈符給爸爸使用，帝爺公對我們家一直以來不離不棄，暗中看顧著我們一家大小。

在我國二到服完替代役的這段時間裡，媽媽要照顧爸爸的生活起居、還要操勞茶葉營業的大小事務，接連阿嬤的身體開始老化衰退，媽媽同時又要照顧阿嬤，整個家庭重擔都落在她的肩上，而她卻是堅強地扛著我們這一家。

尤其是我服替代役在成功嶺受訓的那一個月中，心中更是放心不下我的爸媽與阿嬤，擔憂媽媽做生意還要忙茶葉的事情，怕沒時間看顧著爸爸吃飯，於是我請託好友阿嘉的幫忙，請他每天幫忙張羅三餐給我爸媽吃，然後幫我看著爸爸吃飯。（阿嘉真的對我非常好，他還幫我鼓勵爸爸多吃一點，吃完還幫忙收拾，這個恩惠我牢記在心。）

就在我退伍的那一年，媽媽也因為長期的高壓與疲累之下，身體似乎發出了警訊，開始感到不舒服與難受，整個人懨懨的無精打采，不時頭疼、想吐、手腳發軟無力，我媽一開始以為是感冒引起的，去了診所看醫生拿藥卻沒有好轉。

我媽認為該不會是去沖犯什麼不好的東西，叫我去廟裡迎請帝爺公回來家中處理，帝爺公一降駕就賜予了好幾道靈符給媽媽服用，媽媽遵照著指示服用靈符後，身體也漸漸地恢復起來。但幾張靈符服用完後，媽媽的身體又回到之前那樣的不適，於是我們來來回回地拜託帝爺公處理了很多次，最後一次帝爺公留了一句話給我們，而那句話就是點破我與娘娘因緣的第一個起點。

帝爺公降駕對我交代：「時機已到，將撥雲見日！並有神聖前來處理，到時自然明瞭。」

後來幾天，我看著媽媽情況還是沒有改善，心裡頭是焦慮萬分卻不知該怎麼辦！有一天下午我騎著機車來到東螺天后宮，建成師兄正在幫信徒解籤詩，我坐在廟外的長板凳上等待，心裏想著為什麼我的命運總是如此地苦呢？別人的家庭總是歡歡樂樂的，我家卻是陷入了愁雲濃霧中，而且還是已經好幾年了！現在連媽媽的身體也出現了問題，我真的不知道如何是好望向天空，心裡很是埋怨！我埋怨著上天為何如此地不公，為什麼我要來遭受這一些苦痛呢？當下的我有著很深的無力感以及滿滿的負能量。

霎那間，一股百合花香飄了過來，這一股清雅迷人的花香，讓我心中的這些雜念消失不少，我轉頭看向宮裡的神像，想著祂們慈悲地看顧眾生，那麼我的人生能不能請祢們也幫幫我，這份最平凡的奢望，就是祈求父母平安健康這麼簡單而已。

直到建成師兄忙完走了出來，在我對面的長板凳上坐下，我將家裡的情況轉述給他聽，詢問著建成師兄：「我想迎請麻煩您們上來處理我家的事情，不知道方不方便？可以的話，大哥您哪時候方便過來？」

建成師兄神情悠閒地坐在椅子上，他說：「可以阿，我連絡一下工作人員安排時間過去你那。你們家有供奉玄天上帝，我看要不要請你家的玄天上帝下來指示，想必你家中的大小事情，玄天上帝一定瞭然於心的。」

幾天後的夜晚，我搬了張折疊桌來到神明廳，桌面上還墊了層軟墊，準備等等師兄來，需要降駕觀手轎使用。我持香對著玄天上帝的神像稟告，希望能夠藉由觀手轎得到答案，隨後便走到門外靜待建成師兄的到來。

沒過多久，建成師兄一行人到我家，旋即開始觀手轎的儀式。他們雙手握住手轎、眼睛微閉著，靜候著神明的降臨，不料時間一分一秒的過去，卻沒有任何動靜出現。

這時候建成師兄走到我旁邊，向我說著：「義仔，還是你下去觀看看！」我驚訝地說：「毋通啦！這個還是讓你們專業的來就好。」

建成師兄笑著說：「你別擔心啦！我請另一位師兄和你一起，我也會在旁邊顧著你的。」

而另外一位師兄就拉著我的手向前走去，將原本的那兩位轎手更換下來，當下我的雙手握著手轎靜靜地恭候著，也就是這一個契機，牽起了我與「九天玄女」的因緣，一份深藏的靈魂約定在此展開，啟動了靈的力量。

就在九天玄女附身的當下，我進入了另個空間裡面，就像是睡著了那樣，但那種感覺又不像，因為很真實的感受到這不是夢。當我清醒過來時，建成師兄與其他工作人員轉告我說，娘娘開了一張符，讓我化在爸媽的房間裡，若三天內媽媽的身體狀況有好轉的話，三天後必須前去東螺天后宮迎請祂的神像前來，再以手轎請祂降臨處理後續事項。

我馬上拿著那張符來到爸媽房間裡，小心翼翼地燒著那張符，並在心裡祈求著請娘娘慈悲的幫幫我爸媽，如果爸媽的身體可以恢復，我願意為您服務！我願意為大家服務！

隔天我睡到中午才起床，由於前一晚太累而整個昏睡過去，突然間電話響起，還在想睡的我接起電話來，另一端是媽媽的聲音，中氣十足地說著：「十二點啊！賀起來啦！」一聽到媽媽的聲音，我就知道她的身體有比較好了！因為這才是她正常的音量。

前兩天我都觀察著媽媽的身體狀況，就如同娘娘指示的已經逐漸好轉過來，於是我趕緊遵照著指示來到東螺天后宮，建成師兄早早就將玄女娘娘的金身從內殿請了出來，我持著香靜靜地看著九天玄女的神像，默默地在心中感謝著祂。

更回想著那晚娘娘給予我的那段話：「來往光陰數百年，再入凡塵將願圓」，我捧著娘娘的神像，雙手猶如觸電那般，逐漸擴及全身！我沒有害怕也沒有恐慌，因為我知道這是娘娘要告訴我：「孩子，有我在！這一切的苦難都要過去了！你回到了我的身邊，我也在你的身邊，我會好好地守護著你。」於是眼淚莫名地流了下來，我深怕被人看見，但又止不住淚水！這是一種文字難以敘述的感動，就像一個走散很久的孩子，遇見了母親並在她懷裡的那種感動，你會想放聲大哭、你會想抱著母親跟她哭訴、你會想依賴在母親的身邊，一直擁有著她的眷顧與保護。直到娘娘的金身安奉好，我手中拿著香跪在祂的前面，當下看著娘娘卻什麼話也說不出口，因為有太多太多的話想要說，這時候淚水又是不自主地流下。

那一夜，我們再次舉行觀手轎，恭請九天玄女娘娘降臨，當我的雙手握住手轎的時候，我聞到了那股百合花香，淡淡的飄了過來，我感覺到娘娘來了！須臾間，我失去了意識，再一次地來到那個空間，眼前充滿著白色光芒，這是種純潔透亮的光，娘娘再一次地出現在我的眼前。

祂慈悲地說著：「前幾天我跟你說的話，你還記得嗎？」

我像個小孩那樣地回答著：「記得！」

祂親切地說：「過去苦難已經過去，不該停留在過去，知道嗎？現在的你，要把心找回來，用心地找回你的能力，好嗎？」

我有些不解地問：「我的能力？我感覺我自己很沒有用，哪有什麼能力？」說到一半時，又要哭了！

祂輕輕地撫著我的頭：「有的，只是你不知道而已，你如果不相信自己，那可以相信我吧！先把失落的那顆心找回來。」

我哭著問：「那顆失落的心，我要去哪裡找？」

祂輕柔地笑著說：「在你受傷的地方、在你難過的地方、在你不想面對的地方。」然後看見祂伸手一揮衣袖，我就清醒了過來。

睜開眼睛瞧見我的雙手緊緊握著手轎，身體微傾靠在桌子上，如同睡醒那樣還有點恍神，我搖搖頭讓意識清醒點，霎那間，感受到身體的疲憊，我緩慢地走到外面洗臉。

建成師兄走到我的身旁，拍了拍我的肩膀對著我說：「玄女娘娘，剛才有開了幾張符令要給你爸媽使用，然後祂特別交代你必須每天晚上觀手轎。」

接下來的幾天晚上，我遵照著娘娘的指示，開始觀手轎的連續特訓。這是訓練什麼呢？是要訓練在體力與精神的勞累之下，還能維持住自心的平靜，感應著來自靈界的任何訊息，最重要的是恭候玄女娘娘的降臨。就算有時心情煩躁、悲傷等等情緒交替著，但我告訴自己說，不論如何我都要先將這一切排除，猶如禪宗神秀大師的禪詩：「身如菩提樹，心如明鏡台；時時勤拂拭，莫使惹塵埃。」

我們的身體就像一棵能自我覺悟的樹，深藏著自性靈光，而我們的心好比一面清明光亮的鏡台；時時刻刻不忘勤加拂拭，別讓身心沾染世俗的塵埃，進而影響了我們自己的身心、生活。

這首詩其實很受用的，在生活中或是修道上，很多人會因為外在的事物、言語，影響了自己的心情思緒，甚至是求道修道的那份心，而這些就像是塵埃那般，所以要勤加拂拭自己的身心，別讓自己一直困擾在這上面，因此萌生了退轉之心，放棄自己！

在觀手轎訓練的部分告一段落，我又開始了另一階段的學習與修煉，並不是擁有了承接神靈的能力之後，就不用繼續進修成長，不能畫地自限，而更要讓自己得更加茁壯起來，當我們還是火柴的時候，先不要想著去幫別人，要趕緊讓自己成為一支火把才是最重要的。

九天玄女的到來讓我們欣喜萬分，也對其源由感到相當好奇，我向建成師兄請教：「大哥，可以請你介紹一下這尊玄女娘娘的由來與因緣嗎？」

建成師兄認真地說著：「這就要先從東螺的歷史開始說起了！東螺這兩個字代表著文化古都，距今已有三百多年歷史，當先民護航來台，進入了東螺舊番社內的『舊社』，就是現在溪洲鄉舊眉村附近，因屯墾後發展迅速而逐漸形成街肆庄社。」

我回答著：「所以那時候東螺已經是熱鬧繁華的地方囉！」

建成師兄繼續說著東螺的歷史：「其實是後期才繁華起來！清乾隆四十九年（西元一七八四年）清廷在鹿港設立正口和福建蚶江對渡，鹿港成為台灣僅次於台南安平的重要港口，而以東螺溪和鹿港相連的東螺街，也被納入鹿港經濟圈，成為彰南平原最重要的內陸水運站，更是政治商業、交通及文教的中心，形成一個極富盛名的文化發祥古都。」

渡船頭上風徐徐，兩側樹蔭隨風搖曳，花兒乘風輕輕飄下，落在溪面上的花朵化成小舟穿梭。我聽得非常入迷，腦海中更是想像著那些畫面，彷彿我也跟著回到數百年前船舟來往的榮華光景，那商賈貿易與人文風情的交織之地。我忍不住驚嘆：「很常去北斗卻都不知道這些故事誒。」

建成師兄說：「現在準備說到重點了！在嘉慶年間，東螺街已經發展出十三個郊行鋪會，人稱『五行八郊』。舉人楊啟元撰以：『盛安興隆，崇慶合慶，廣元萬長和』等十三個字，作為東螺街十三個行郊鋪會之排序。即泉郊金盛順、水郊金安瀾、乾郊金興順、糖郊金崇興、油郊金隆順、布郊金慶昌、染郊金合順、米郊金豐隆等八郊。另有茶鋪金廣源、藥鋪金元昌、料館（竹料、福杉）金萬利、香鋪金長和、糕餅鋪金合興等五大行鋪。」

聽到這裡我就有點聽不太懂了，我問著建成師兄說：「那什麼是郊行啊？」

建成師兄說：「所謂『郊』是指清代商行的同業公會組織或稱郊行，就類似我們現在的職業公會。」

我說：「就像我們就有著製茶公會和茶商公會那樣啊？」

建成師兄說：「對！而當時的郊行還分為內外郊，內郊是零售商的行會，由經營同性質商品的商行所組成，如糖郊、油郊、茶郊等，東螺街的郊行大多屬於這一類型。外郊則是從事進出口貿易的批發商行會，由同一地區的商行所組成，如泉郊、廈郊是分別對泉州、廈門等地的專屬貿易船運業。」我點頭且非常認真地聆聽著。

建成師兄喝了口水後，繼續說著歷史：「現在你請來的這一尊九天玄女，就是當時茶鋪金廣源郊行所供奉的神明，歷史可說是相當久遠。」

「茶鋪金廣源！所以這尊玄女娘娘以前是茶商在供奉的啊？」聽到玄女娘娘與我家世代行業有關聯，我很高興地問著建成師兄。

建成師兄回答著：「是啊！當時東螺街可說是相當的繁華熱鬧，而金廣源郊行的茶商們都輪祀著這尊九天玄女。」

我超開心的說著：「這真的很有緣，我跟玄女娘娘又多了一層關係。這樣祂也會保佑我的茶業銷售，哈哈！」

建成師兄說：「冥冥之中，因緣都安排好了一切！等待著緣起之時，自然水到渠成。」

自從爸爸病重之後，我家的茶葉生意也越來越差，直到九天玄女娘娘蒞臨之後，無形之中替我安排了很多貴人，讓我學習茶葉上的相關知識與技術，漸漸地將生意作起來，除了老顧客們回流，更是增添了不少新客戶，我想這都是來自於娘娘的庇祐，因為祂在數百年前就是「茶郊的守護神」，想必對茶行經營也是相當的瞭解。

大多數人對九天玄女娘娘的印象並不像觀音菩薩或天上聖母那樣人人皆知，一般是從事「製香」與「地理堪輿」這兩大行業的人才會拜，因為九天玄女娘娘是這兩種行業的祖師爺。

製香行業的人會供奉九天玄女為祖師爺，是來自於娘娘的一個傳說，故事裡的九天玄女曾經投胎來到世間上，她是一位非常孝順的女孩，有天她的父親生了一場重病臥床不起，已經無法進食，更別說吃藥了。這位孝順的女孩看著父親無法服用藥物，病況越來越嚴重，於是她想到了一個方法，先將中藥材研磨成粉末，再加入糯米粉和水讓中藥粉產生黏性，並搓成條狀曬乾後用火點燃，讓中藥材透過氣的流傳進入父親體內，就這樣治癒了父親的重病。

後來女孩的方法廣為週知，大家爭相請益如何製作，能夠治病的香就這麼流傳開來。在女孩成仙之後，大家為了感念她，即尊稱她為「香媽」。

地理堪輿行業的人會供奉九天玄女為祖師爺，是源自於唐代的一位風水宗師楊筠松的關係。相傳楊筠松年輕時，由於年少輕狂得罪了信宜縣令，被縣令派兵追殺，一日眼看就要被官兵追上，楊筠松躲進了一間破舊的九天玄女廟之中，但是寺廟中無處藏身，只能掀開神帳躲進神櫥裡面。

官兵追入破廟之中，手中拿著火把，四處尋找楊筠松，眼看就要被發現，突然從神櫥之中吹出一陣黑風，吹滅了官兵手中的火把，也將官兵吹得四處逃竄。

楊筠松當時心中對神明萬般感激，並許諾事後一定會重修該廟宇，為神像重塑金身。當楊筠松準備離開時，突然眼前一黑，隨後看見兩位穿著青衣的女童，領著他往殿後走，走沒幾步就看見金碧輝煌的大殿，殿內「九天玄女娘娘」端坐在七寶九龍床上，賜予楊筠松兩本天書，一本為《皇帝龍首經》，另一本為《太一遁甲六壬步斗》，楊筠松趕緊將天書藏於袖中。直到娘娘衣袖一揮，楊筠松再次睜眼時，才發現自己還在神櫥之中。後來楊筠松悉心鑽研這兩本天書，浪跡各地，為世人勘察，他憐貧恤苦，在民間有口皆碑，因其極高的風水造詣，在民間成了一位帶有傳奇色彩的風水大師，並廣為收徒授業，將風水地理之術散播民間，大行於世，為民造福，被人們尊稱為「救貧仙人」、「楊公仙師」。後來風水地理堪輿的人們感念九天玄女授以天書，進而供奉為祖師爺。

直到今年一位網紅模仿「算命阿姨」的影片出現，九天玄女立刻紅遍大街小巷，才引起了大家的關注，開始瞭解九天玄女這一尊神奇女神。

與九天玄女的初次見面

關於我第一次觀手轎與娘娘在虛空中的場景中相見的對話詳情，可以參閱我的上一本書《看見靈的力量》，在此篇則多加說明娘娘是如何幫我化解眼前家中的困境。

亦師亦友的七祖仙師

冥冥之中的牽引教誨

失落之時，千萬別灰心，
要相信神會幫助你的，
只是當下你還沒有發覺而已。
神不一定會用你喜歡的方式來幫助你，
但神會給你一個最好的安排。

因緣其實是很奇妙的，回想起七祖仙師第一次來我家的時間，就是在我媽身體不舒服的那段時間，那天晚上我用電腦追劇正看著《隋唐演義》，突然個人臉書的訊息欄跳出了訊息，是七叔傳來的訊息。我馬上按下暫停，點開訊息一看，七叔發了個貼圖給我，緊接著問我：「最近好嗎？我有件事情要跟你說。」

我快速地敲打著鍵盤，回覆著七叔說：「還是老樣子囉，呵呵！哥，什麼事情呀？」

七叔又傳了貼圖過來，是一個賊笑的表情，隨後說：「就是仙師有指示要過去你家作客一陣子，不知道方不方便？？」

看到訊息時我想都沒想直接回傳：「方便！方便！超級方便的啦！」

七叔馬上回：「可是你要去告知你家人啦！他們也要同意啦！」

「對吼！太高興了，都忘了要先詢問一下！那明天問好跟哥說，現在爸媽他們已經睡了。」我還是很高興地回覆著。

隔天一早遇到媽媽的時候，我馬上問著：「媽仔，我仙誒（老師）說七祖仙師要來我家作客，可以嗎？」

「你說什麼作客啊？」我媽當下好像沒有聽清楚。

「我說七祖仙師要來我們家住一陣子，這樣可以嗎？」

這一次我媽總算是聽清楚了，她開心地說著：「好啊！那七祖仙師是哪時候要來呢？」

我回答說：「我晚上問一下仙誒（老師）再跟你說哦！」

當天晚上我馬上聯絡七叔說：「哥，我家人很歡喜七祖仙師的蒞臨，還問我說哪時候要去請仙師呢？所以我們哪時候可以去請呢？」

七叔馬上傳來一個讚的貼圖，緊接著回：「越快越好，看你哪時候可以來請。」

看到這一則訊息的時候，我突然感覺到是不是有什麼事情呢？不然七叔怎麼會說越快越好呢，還是仙師有指示了什麼啊？

所以我馬上問著七叔說：「哥，是仙師有指示什麼嗎？」並加上一個問號的貼圖。

七叔的招牌貼圖又出現了，就是那個賊笑的貼圖，然後七叔說：「沒有啦！因為過陣子我的工作比較忙，這幾天比較有空，才想說看你能不能早一點來請。」

看到這句話我鬆了一口氣，回覆七叔說：「好哦！那我安排一下時間就下去請。」

說起來我這次的效率超快，在跟七叔聊天的同時馬上聯繫朋友，看誰有空可以載我去高雄迎請七祖仙師，我問了第一人選阿嘉，當時他馬上說：「那就明天來去，這樣最快了啦！」耶～太棒了！隔天就可以請七祖仙師回家了！我趕緊告訴七叔說：「哥，那明天下去請仙師方便嗎？」

這次貼圖變成驚訝的臉，七叔問我說：「明天？方便啊！效率真快哦。」「對阿～你說越快越好，這樣明天下去請最快了！」我加了幾個不好意思的貼圖在後面。

隔天中午我和阿嘉到了老師那裡，一到左營時，七叔說著：「你們還沒吃吧？先來吃飯。」

我們三人邊聊邊走去附近的一間麵攤吃麵，七叔問我：「你們那裡應該很少人知道七祖仙師吧？」

「對啊！應該是說根本沒人認識七祖仙師這尊神，如果沒有因緣來跟你學習的話，我也是不認識這一尊神。」我認真地回答著。

七叔從口袋裡拿出香菸並遞了一根菸給我，他笑著說：「嗯！這樣好！仙師準備去南投打個知名度了。」

「呦～那要如何打知名度啊？我要怎麼做啊？」我疑惑地問著。

他手搭在我的肩上大笑著說：「哈，我說的不是你來幫仙師打知名度啦！仙師自然就會打響祂的知名度了！」

我用著不敢置信的眼神看著七叔，有些懷疑地問著他：「真假？這麼厲害？」

「是的！就是這麼厲害！好啦～菸抽一抽趕緊進來吃麵了。」七叔催促著我們趕緊進入麵攤裡面用餐。

七叔一手夾子一手盆子問著我們要配什麼小菜，我們還沒回答他的雙手就沒停過，一眨眼的功夫，盆子就快裝滿了，我看到後趕緊去跟七叔說：「哥，這樣夠了夠了！」

他馬上轉頭看了阿嘉一眼，並說著：「我怕你們吃不飽啊！一趟路那麼遠下來，沒吃飽怎麼行呢！？是不是啊？阿嘉？」

吃飽飯後，走回到廟裡七祖仙師的神桌前面，我看到七祖仙師與陰陽童子一起端坐在神龕裡面，我非常好奇地問著七叔說：「哥，所以陰陽童子要跟著仙師一起去啊？」

七叔坐在椅子上抽著菸說：「對啊！仙師指示要帶他們倆一起去你那。」

「哥，你不是說陰陽童子很少出門的嗎？除非是有什麼特殊任務，他們兩個才能出門嗎？」

「嘿嘿～你有把我的話聽進去哦！祂們這次出門真的是有特殊任務要處理

的。」七叔故意賊笑了一下後說著。

我的好奇心都起來了，我追問著七叔說：「所以是什麼特殊任務啊？可以先跟我說一下嗎？」

七叔平淡地說著：「就說是特殊任務了！那怎麼可以告訴你呢？是不是？」

我有些失落地說著：「也是啦！就像秘密一樣，說了哪叫祕密呢？」

（陰陽童子屬於特殊神祇，不像一般的配祀部屬神明只需單純的供奉朝禮就可以，而是要搭配著專屬的密法修煉，有機會我再跟各位詳細分享陰陽童子的緣由。）

七叔接著說：「不過，時間到了你就會知道了！呵呵。」

「好吧！只能這樣囉。」我看著仙師與童子的神像回答著七叔。

七叔抽完菸後站起身來，走到神像的前面，說著：「時間差不多了！準備請仙師。」

七叔送我們到門口的時候，突然喊住我並說著：「有什麼狀況或是問題的話，記得連絡我哦！」

「好的！沒問題哦，謝謝哥。」便請著七祖仙師回南投。

過沒幾天，媽媽的身體開始出現我上一篇所寫到的那些不舒服的症狀，當時我就想到了那天去左營時，七叔的最後一句話：「有什麼狀況或是問題的話，記得連絡我哦！」便趕緊打了通電話過去給他，電話的那端傳來的是「您撥打的電話無法接通，請稍候再撥」，只好留了訊息給他，內容中大概講述媽媽的身體狀況以及詢問如何處理才好，一路等待直到半夜兩三點仍沒有等到他的回訊，我只好去睡覺了。

睡醒點開臉書一看，七叔回訊了，說：「別著急，這一切都有安排，靜待因緣俱足，自然會有感應的。」

我還在床上賴著，精神還有些迷糊的問著：「哥，是什麼安排啊？」

七叔說：「就是來自於上天的安排、來自於神明的安排、來自於你過去的安排、來自於你以後的安排、一切種種的安排。」

看到這些文字我真想繼續睡覺，怎麼一醒來就看到這麼深奧的文字呢！我繼續問著七叔說：「哥~可以白話一點嗎？」

「這已經很白話了誒！你看不懂嗎？」七叔回訊。

我抓了抓頭髮嘆了一口氣後，回傳：「看不懂……」

七叔貼了一個笑臉的貼圖過來，隨後說著：「那我也沒辦法囉，你自求多福吧！」

「誒~哪有人這樣的啦！」後來只要有新的狀況，我都即時回覆給七叔，包含那夜我在觀手轎的時候，被九天玄女附身降駕以及虛空中的種種感受，我都有跟七叔說。

當他知道的時候，我原以為他會很驚訝但事實上卻沒有，他非常平靜地說著：「終於啊！你踏出第一步了。」

換我非常驚訝地問：「該不會，你早就知道了吧？！」

七叔聽到我說的話後，他笑著說：「你回想一下那時候我是不是告訴你說，靜待因緣俱足，自然會有感應的。所以當時我才叫你趕緊來請七祖仙師回家，因時機差不多要到了，你的使命即將開始履行！當這些因緣都具備的時候，這個好的結果就出現了。」

「所以結果就是我成為了乩童這樣？」我有點不甘願地問著。

七叔繼續笑著說：「哈哈~也不只這樣啦！還包含了為神明服務、修法、傳道等等，以後你的工作和事務可是繁複著呢！」

我有一些些無奈地說：「喔，天啊！我可以說不要嗎？」

七叔最後只說了句話：「別再唉了啦！你已經完成好幾天娘娘對你的培訓了，雖然你現在不用每天晚上觀手轎，但是你每天晚上都要開始修煉，知道嗎？」

印象中當晚睡覺時，做了一個很奇幻的夢境，夢中我整個人浮在半空中旋轉，轉到頭暈目眩還有點想吐，我感到非常的不舒服，就在撐不住快吐出來的時候，突然七叔出現在我下方，向我伸手一揮並喊著：「好了啦，快下來練功吧！」

七叔話一說完我馬上摔在地上，他有夠無情的啦，連看我一眼也沒有就自顧自地走開了，然後七叔非常認真地對著我說：「從今天開始你就要認真上課了哦！要照著我教你的去做，這樣後面其他老師來教你，你才聽得懂，知道嗎？」

我還沒回答就醒過來了，馬上發了訊息過去給七叔跟他說這個夢境，七叔馬上回訊：「嘿，這還用問嗎？就是叫你趕緊準備上課了啦！」

最後那個夢境是七祖仙師轉化成七叔的模樣來示現給我看，並叮囑著我認真學習、努力學習，便開始在七叔的指導之下開始了修煉。以至於後來有無形師與神聖來傳法教導的時候，我也更得心應手，就如同夢裡那段話一樣。

仙師在我的心中就像是一位與世無爭的修道人，祂並不像電視上演的那種有著一頭白髮與瘦弱的身骨，祂有著稚嫩可愛的臉龐、童真無邪的光明氣場，常以孩童般的樣貌示現，以一種善良博愛的精神遊戲塵寰。

當年在與仙師的結緣裡，我還沒踏上修煉之路，祂便以七叔（我的老師）的樣子讓我夢見，藉由夢境裡七叔與我的對談，得到祂給予的指示。

後來我開始進入了修煉，透過靜坐進入到虛空之中，第一次在修煉的過程中，七祖仙師是用一個小男孩的形象來教導我，是位年約七、八歲的小男孩，身穿白色的短袖襯衫、搭配吊帶短褲，頂著一顆小呆瓜的髮型，很輕鬆也很無厘頭地教導著我，根本就是不按牌理出牌的那種感覺。

之後隨著修煉時間越久，也逐漸看過祂多變的造型，有時候會示現為十七、八歲的青少年，有時候又會以我的樣貌來示現（我看到的時候整個超傻眼），在不同的階段中都有不一樣的學習際遇，透過很多的情境教導，讓我在修煉時不會枯燥乏味，也讓我在處理事情時能保有祂的精神，用遊戲塵寰的心態來為人解惑。

因緣俱足，自然有感應

許多事物都是在等待「緣起」這兩個字，因為任何事物與現象並不是無中生有，也不能單獨存在，必須仰賴種種因緣條件聚合才能成立，一旦組成的因緣散失，事物本身也就歸於烏有，「諸法因緣生，諸法因緣滅」的因果定律，稱之為「緣起」。

這裡包含了「因」、「緣」、「果」三種關係，簡單來說，因是因素、緣是條件（時機）、果是結果，以我的例子來說，宿有善「因」，讓我投胎到一個虔誠信神的家庭中；「緣」牽引著恩主的降臨與很多貴人的相助，「果」就是我成為了一位不平凡的人，找回了深藏的使命與能力，更背負著更大的責任。

因此，我們要知道「緣起」這兩個字，就會明白人生中的禍福吉凶、好壞成敗都是自己所造，並不是有著其他力量來操控你的，所以我們每一位都要警惕著自己，常種善「因」、廣結善「緣」、勤修善「果」。

親切常民的守護神——土地公

沿著竹竿探尋土地公的足跡

若有機會行經茶園，可以稍微觀察一下，
每片茶園裡總是佇立著一根竹竿，
上面還夾著一疊四方金和三支香，
阿嬤跟我說這是「土地公拐」，
讓土地公伯仔來幫我們巡視茶園時，給祂當拐杖用的。
而這個拐杖，也是我對土地公的第一個印象。

幼兒園時期的我，每當假日有進香團經過時，都會很高興吵著要阿嬤帶我去廟裡看熱鬧，不然就是吵著要跟阿嬤去茶園。自從阿嬤跟我說了土地公拐的存在之後，每每來到茶園裡，我都會問阿嬤說：「阿嬤～土地公伯仔祂今天有來嗎？」

阿嬤不管手邊是不是在忙，她都笑著跟我說：「伯公仔早早就離開了！哪像你睡到日頭曬屁股了才來茶園，祂要巡很多人的茶園，太晚出門會巡不完。」

我總是童言童語地說著：「阿嬤！你明天早一點叫我起床，我要跟你來茶園看土地公伯仔。」

每次阿嬤都笑著說：「好～會早一點叫你起床，然後早一點帶你來茶園。」不過阿嬤很疼孫子，她總是早早就出門，怕我太早起床會累，也很少一大早就帶我去茶園。

有一陣子電視正好在上演土地公的故事，電視裡的土地公是一位留著白鬍鬚、戴著員外帽、走路還會拄著一根大拐杖的老人家，因此我非常的好奇土地公到底是不是真的長這樣，所以每逢假日我都告訴自己要早睡早起，不過常常一玩就忘記了，隔天又爬不起來，沒辦法跟阿嬤一起去茶園。

終於有一回的假日我格外早起，下樓看到阿嬤還沒去園裡，我超開心的跟阿嬤說要跟她一起去，記得那時候阿嬤看到我那麼早起，一臉驚訝！我用著最快的速度把早餐吃完，穿上布鞋就準備和阿嬤一起出門囉。

阿嬤一手牽著我的手、一手拎著茄芷袋，我們嬤孫仔一起往茶園裡走去。當時天還沒亮，路上還瀰漫著薄霧呢！而路燈依然盡職的開著，為我們照亮前面的路。當我們走到茶園時，沒了路燈照明，整個黑壓壓一片，阿嬤問我說：「會不會怕啊？」

「會！」我老實的回答，說完話後都緊緊跟在阿嬤旁邊。

阿嬤用手摸了摸我的頭，她安撫著我害怕的情緒，說：「別怕啦！再一下子天就亮了，到時候說不定還可以看到雲海呢！」

聽到這裡我很開心地問著：「真的嗎？」

「真的啊！阿嬤哪會騙你啦！」阿嬤說完就蹲下去鋤草了。

看到阿嬤蹲下去，我也趕緊跟著蹲下去，偷偷地拉著阿嬤的衣服，超怕一個不注意，阿嬤就不見了，我蹲在阿嬤的身後問著：「阿嬤，今天應該就可以遇到土地公伯仔了，因為我很早起床。阿嬤，你有沒有帶舒跑啊？」

阿嬤說：「有啦！等一下才可以喝，你剛吃飽而已不能喝。」

我拉了拉阿嬤的衣服，撒嬌的說：「阿嬤~我沒有要喝！我是想要請土地公伯仔，不然他要走那麼遠會口渴的。」

阿嬤聽到後笑得合不攏嘴，直點頭說：「賀！憨孫仔~哈哈，你等一下遇到土地公伯仔，你再拿給祂嘿。」

沒多久的時間，剛升起的陽光穿透雲層，一道潔淨的光芒照映在大地上面，原先的薄霧彷彿一件純淨的白紗，輕柔地蓋在茶園上，今日第一縷曙光徐徐地掀開這層白紗，晶瑩剔透的露珠在葉片上閃爍著，片刻間彷彿身在仙境中。

不曾見過天剛亮的我，深深被眼前的美景給吸引，我喚著阿嬤站起身來一起觀看，阿嬤站在我的身邊，她說著：「你看！這個霧被陽光一照，有沒有像電視裡天庭的那種仙氣？」

「有啊！那我要多吸幾口，看能不能成為孫悟空！」當時總是喜歡看著這些神鬼戲劇，阿嬤說到了關鍵字後，我還會自動腦補想像畫面呢。

阿嬤看到後笑著說：「那是旁邊沒人在洗藥仔（噴灑農藥）！不然你多吸幾口後就真的成仙了，哈哈！」

快樂的時光總是過得特別快，直到阿嬤說要回家了，我才想起今天來茶園裡的目的，我是專程要來等土地公伯仔！怎麼我都沒有發現土地公呢？

我著急地跟阿嬤說：「等一下啦~我們等一下再回去啦！」

阿嬤已經收拾好東西，臉上非常疑惑地看著我，問我說：「你要做什麼啊？快中午了！要回去吃飯了，不然等等天氣就太熱了！」

「因為我還沒遇到土地公伯仔！」說完，我就在茶園裡鬧起了小脾氣。

阿嬤為了安撫我，狂說著：「伯公仔！天還沒亮就來了，你顧玩耍所以才沒看到，祂說你很乖，叫我等一下炸肉給你吃。」

聽到阿嬤這番話，我臉上才露出了笑容，笑著問阿嬤說：「那為什麼你不叫我！我也想看土地公啊！」

阿嬤對著我說：「伯公仔看你玩得很開心，所以叫我不用叫你，這樣知道嗎？」

我抱著阿嬤的手，問阿嬤說：「所以祂真的有來啊？祂是長怎樣啊？一樣有白鬍子嗎？有沒有用我們做的拐杖啊？」阿嬤牽著我的手，在我們走回家的路上，耐心地回答我的每一個問題，走著走著和阿嬤來到豬肉攤買了一包里肌肉片。一到家後，阿嬤就叫爸爸帶我去洗手！洗手時，我還一直跟爸爸說：「早上阿嬤有遇到土地公伯仔，祂叫阿嬤要炸肉給我吃。」爸爸一臉疑惑根本聽不懂我在說什麼。

阿嬤的炸肉，就是拿里肌肉片裹地瓜粉再下油炸，阿嬤每回炸肉的時候，還會炸一些蔬菜給我吃，例如：白花椰菜、地瓜、南瓜、茄子等。我很開心一邊吃一邊和爸媽分享著，早上和阿嬤去茶園遇到土地公伯仔的事情。

後來隨著年紀增長，才知道阿嬤說的這些都是故事！但是至今我依然相信土地公會去巡視每一塊土地，並且照顧著每一位在這片土地上的人們。

土地公是務農人的心靈寄託

許多務農的人們，總是在天未亮就要到園裡工作，下午又常常忙到晚上，園裡也沒有什麼照明設備，只靠著一盞微弱的頭燈而已，因此土地公是務農人的心靈寄託與信仰，更是每一位農民感恩這片土地的延伸，在祂老人家的庇佑之下，每一位早出晚歸的農民都能平安順遂。

先代為保管失落的魂魄

小時候有很多與土地公有關的親身經歷。

大約在我國小二年級或三年級的時候，只要接近放學時間，身體就會超級不舒服，像重感冒一樣的折磨難過，或是上課期間會突然頭痛，就算去保健室擦萬金油也沒有用，後來老師通知爸爸來學校，就載我到診所看醫生，回到家吃完藥後便躺在椅子上休息，但頭痛還是一樣劇烈。

那天即使到了晚餐時間，也沒有力氣爬起來吃，半夜頭痛到受不了，讓我整個痛到哭出來，爸爸見狀便立即抱著我去掛急診打點滴，整晚在急診室裡面渡過了一夜。直到隔天清晨，頭不痛了，我們以為症狀已經好轉，卻沒想到在同樣的時間又開始了同樣的症狀，我的頭又開始痛了！而且比昨天更痛。於是爸媽帶著我去另一間小兒科診所，即使吃完藥，我的情況還是一樣，整個頭殼裡好像被放了一顆鼓，咚咚咚！咚咚咚！似乎有著節奏性的疼痛，用手摸著太陽穴還感覺得到跳動呢。

由於這兩三天的症狀都是在下午三、四點開始的，爸媽感覺到這個情況不太對勁，很有可能是去嚇到！於是他們拿我的衣服去收驚。爸媽從收驚那裡回來後，就問著我說：「有去水池還是圳溝附近玩嗎？」

我想了很久回答說：「沒有啊！」

爸媽說：「收驚的說，你是去水邊嚇到的。所以你到底有沒有去啊？」

我又想了很久一樣告訴爸媽：「沒有啊！」

爸媽可能以為我怕被他們罵，所以沒有老實交代，問了好幾遍之後，我仍然回答沒有，他們也放棄了不再追問，或許也是認為我沒有騙他們。

後來爸爸馬上燒了一張符，幫我泡了一盆驅邪的淨水。這裡頭有茉草、芙蓉、榕樹葉、鹽米等高達十種的驅邪物品，而那張符是收驚的阿婆給我爸的。

收驚的阿婆說連續洗個兩天就好了，哪知道我又痛了兩三天還是沒有改善，一樣每天下午開始痛到半夜，痛到連電視都沒辦法看，害我的七龍珠卡通都沒看到。

直到一位堂叔家裡剛好請玄天上帝去辦事，邀請爸爸過去幫忙，於是爸爸在帝爺公處理好堂叔家的事情後，趕緊順便向帝爺公請示我的身體狀況。

玄天上帝指示爸爸說，我是在土地公廟附近驚嚇到，當下體內有一條魂在受到驚嚇時飛了出去，土地公看到後，怕我的魂跑丟了或是被不好的靈體給帶走了，趕緊先將魂收在祂那裡。並指示我們需要準備供品去向土地公答謝，感謝祂幫忙看顧我失散的魂，並且用帝爺公開的符包與土地公的香灰，回來之後泡洗米水一起淨身，並且要連續十天、每天燒一張符泡水喝，來穩住我的三魂七魄。

於是在這十天裡，我的情況也日漸好轉，到了第十一天，身體已經全然恢復了！痊癒後，爸爸準備了許多供品，帶著我去答謝土地公的幫忙。

當我來到土地公廟時，才熊熊想起來身體不舒服的前幾天，我騎著那台超拉風的捷安特腳踏車，和同學們一起騎到這裡玩耍，當下玩得太開心，沒發現有台車子迎面而來，車子突然按了一聲超大聲的喇叭，我整個人嚇了一大跳，當下愣在原地，這台車子又叭了一次，我才回神過來趕緊閃到旁邊。我將這件事情跟爸爸說，爸爸聽完後很不開心地罵著我：「以後鐵馬莫騎遐遠！」在燒金的同時，爸爸說：「這樣說起來，收驚誒說的也有準，土地公廟旁邊這有一個小水堀。」

我問爸爸說：「真的啊？」

爸爸帶我走到金亭旁邊，用手指著前面並說著：「我說的那個小水堀就是在那裡，以前我還跑來這裡玩水呢！」

在經過這件事情之後，若爸爸有載著我在村莊裡兜風，都會專程到土地公廟拜拜！感謝當時土地公的幫忙。

生活中與我們最親近的神明應該是土地公，傳統文化裡不論婚喪喜慶等等，許多的事情都離不開土地公，不過現今時代生活狀態改變，人們對土地公的關係也起了微妙變化。

親切又萬能的土地公

土地公顧名思義為土地的守護神，掌管這片土地上大大小小事，若仔細留意，在你家方圓百尺內，一定都至少會有一間土地公廟。若是當你搬家、或家裡有什麼事情，多會建議可以到離家最近的土地公廟去拜拜祈求。

土地公除了護佑眾生，對生意人來講也是必拜的「財神」，每逢農曆初二、十六，店家多會在門口設案祭拜，而土地公廟前也都會佈滿信眾帶來的供品鮮花，以祈求生意興隆呢！

真是一尊親切又萬能的守護神呢！

拜神要怎麼拜？

在準備供品前，
更重要的是先備好「恭敬」、「感恩」、「懺悔」之心。

我聽過超多人都說自己多虔誠多認真的拜神，但知道要如何拜神的人其實不多，所以在談如何修行、修練之前，我覺得應該要先說說如何拜神，不然大家都有著那顆虔誠的心，卻沒有很好的作用出來，會很可惜。

我認為拜神必須要有的觀念有這三樣，分別是「恭敬」、「感恩」、「懺悔」，藉由這三樣的態度來禮拜神佛，我相信在拜神的過程中就可以改變你的身心以及生活上的態度。若沒有這些基本的概念就想要修練得很好，我覺得是非常有難度的！除非你是百年難得一見的練武奇才。

第一為「恭敬」，我們對任何的神佛心中都要保持著恭敬，這也包含了對其他的宗教。如一般常見的宮廟系統，屬於民間信仰的一種，我們不能只對自己供奉的神明恭敬，然後對其他人供奉的神明或是其他教派的神明不恭敬，所以我們不能萌生不敬的想法與做出不敬的事情。有了上面這個最基本的認知之後，當你在禮拜神佛的時候，記得要心恭敬、身恭敬、口恭敬。

心恭敬就是在我們參拜時，看見眼前的神佛聖像，就是在提醒著我們要時時敬重，學習神佛慈悲精神：行善佈施，深入經藏玄文了悟道理，增添本身信仰的堅定。心裡如果沒有恭敬，那也不用拜了，因為那只是拜給人家看的而已，心中無神何必拜神呢？

身恭敬就是在身體姿勢上要延續內心的恭敬，不然你心裡很敬重這尊神佛，但站了一個三七步或是站姿不端莊、手裡拿著香還甩來甩去的，甚至邊拜還邊抓癢的，這樣都是非常不雅觀與不恭敬的，所以很多宗教都要學習禮拜的儀式與動作，為的就是讓信徒們可以藉由學習來規範住身體的部份，因而能在禮拜的過程中以身來傳達恭敬。

口恭敬就是禮拜時或是向神佛祈願與稟告事情的時候，我們的嘴巴一樣要保持著恭敬心，不能言語輕浮、胡言亂語、嬉戲玩笑等，例如佛教就會教人如何禮佛、如何稱頌佛號、如何持誦咒語來幫助自己可以虔誠誦念，以達到口恭敬。

跟各位分享一下小故事，在《台灣大代誌》節目專訪播出之後，就有許多奇人異士前來拜訪我，我這裡說的「奇人異士」是另一種意思。

某天傍晚，有一群人來到茶行找我，這群人裡面有位年紀大概六十幾歲的阿伯，一進門突然打了好大一聲的嗝，隨後腳往地上用力一踏，雙手大開就像是在打太極拳那樣，大聲地說著：「九天玄女為何不前來接駕？」

這位阿伯看我不為所動、手上還繼續進行著茶葉的包裝工作，他接連擺了好幾個招式，邊動作邊說著：「土地公為什麼沒有去跟九天玄女通報我今天會來這裡呢？當地土地公該當何罪啊！」（其間瘋狂地數落土地公，他劈哩啪啦說了一大堆，這裏僅分享重點語句。）

此時爸爸走到我身旁用氣音跟我說：「對神如此不敬，還要玄女娘娘來迎接這個凡夫肉體，又把土地公當做細漢仔叫來叫去！這個人不用看也知道沒什麼功夫。」當下聽完爸爸的話，我差一點忍不住笑了出來。

於是我放下手邊的工作，站起身來招呼他們這群人入坐，他們便開始吹捧起眼前這位穿著有些邋遢的阿伯，其中一人說：「他是天上紫微星君下凡，是屬中天星主，可以掌管三界神仙、調動各路神兵神將，諸神見到他可以說是隨傳隨到。」

另一人接著說：「不論是颳大風或下大雨，他只要對著天呼喊一下，風雨雷電四大神祇馬上聽其號令，照著他的指示去做。」

我馬上回應著：「哇～伯仔！這樣你真的很厲害誒！天上地下的眾神應該你都有認識。」

阿伯驕傲地說著：「這是當然。」

我隨之問到：「伯仔～後學請教一下，您可知道『七祖仙師』？」

這位阿伯先是大笑數聲，隨後說著：「哈哈哈！當然！幾天前這尊神剛送來文書給我批閱，祂的模樣就像南極仙翁那樣，前面禿頭後面白髮還留著白鬍鬚。」

此時我知道這位阿伯已自認天下他最大，態度驕傲蠻橫，說話不分輕重，他更是不懂「道法儀軌」胡亂為之，殊不知天地自有律法所在，這樣將來必遭上天降罪也。

但，我們修道的人本要學習神佛慈悲為懷，既然知道了，哪有不點醒之理。我謙卑地向這位阿伯說到：「神仙高真境界可是至高無上的，所以我們對於任何的一尊神明都要恭敬尊重，在禮拜神佛時更是要格外的恭敬，更別說平常生活中也不能輕視藐昧。即使您的前世或者宿世因緣裡是某尊神佛化身投胎，那也是過去世的事情！現在既然已經投胎到凡間，既得人身，那麼就是凡人！一樣要吃喝拉撒睡、離不開生老病死苦，所以要把握人身趕緊修行才對！」

哪知道我這話說完沒多久後，這位阿伯就說他還有事情要去處理，這一群人就匆匆離去了！他們離開後，我爸湊過來對我說：「他就認為自己比神還大了！他哪裡聽得進去你的話？」

「我也是想說試看看嘛，哈哈！不過這也是他的命。」

不論你是一般信徒、神職人員、修道人等等，都要擁有著恭敬之心，進而延伸到言行舉止都要是恭敬的，倘若連基本的恭敬都沒有，別說你有多虔誠、多厲害了，這樣只會讓更多人對你留下不好的印象而已。

第二為「感恩」，由衷地感恩我們所信仰的神佛、感恩神佛救渡眾生之慈悲、感恩神佛傳授妙法經綸之智慧，所施予眾生的恩惠之德，如一盞明燈引領著苦海沉淪的眾生們，感恩著神佛讓我們的心靈豐裕知足，讓我們心生慈悲大愛，讓我們一心歡喜奉獻。

感恩的部份也分為三個階段，就是知恩、念恩、報恩，簡單來說就是知恩圖報的概念。

知恩，就是知道自己受了神佛（他人）給予的恩惠，如果自己都不能感知體悟到神佛（他人）給予的恩惠，那如何談得上感恩與報恩呢？因為他自己就不知道受過了哪些恩惠。在佛教的《大智度論》中還說，「知恩者是大悲之本，開善業初門，人所愛敬，名譽遠聞，死則生天，終成佛道。不知恩人，甚於畜生！」

念恩，就是知道自己受了神佛（他人）給予的恩惠，還時時刻刻地謹記在心並不會輕易忘記，在心念上謹記著、感謝著這份恩惠，也是不忘恩的體現。

報恩，簡單來說就是受了恩惠就要懂得回報，以實際的行動來表達由衷的感謝，就像滴水之恩當湧泉相報。

其實在很多宗教中對於感恩的部份都有著禮法規矩（儀軌），例如基督教徒餐前禱告謝主恩典，或者佛教徒飯前供養量彼來處等，這都是感恩的表現，讓教徒們深深地感知到恩惠、時時謹記著恩惠，藉由這些儀軌來加深感恩的心態與實踐，反觀我們的民間信仰上，卻對這方面的認知相當薄弱，實屬可惜！

感恩不只是禮拜神佛的重要觀念之外，更是能提昇身心健康並有助於心理疾病的治療，不只能讓一個人身心得到提昇、轉化、成長，而且有效地幫助自身靈性的開展並擁有靈性的收穫，當你感恩世間的一切時，就能發現到這一切的靈性與力量。

感恩本身就是一種道德的修養，培育著我們內在的心性，感恩會對自己所獲得的一種肯認，內心自然會得到知足與惜福，懂得感恩的人即是珍惜自己所擁有，自然就會減少了怨懟、貪求、邪念等。

你所擁有的榮華富貴並不是理所當然的，這是宿世來積累福德資糧的因緣所成就的，當你懂得這句話的時候，心中自然而然就會知恩；就像你栽種了植物，如果沒有水的滋潤、陽光的照撫，只靠著土壤也生長不起來，而我們也是如此，亦要心懷感恩這一切天地萬物。

一行禪師說：「如果你是一個詩人，你就會在一張紙裡看見雲的飄動。」一如果沒有雲，就不會有雨；沒有雨，就不會有樹；沒有樹，就不會有紙。再仔細看那張紙，我們也會看到陽光，因為沒有陽光，就沒有樹林。我們也會看到，沒有伐木工人，就沒有這張紙。沒有伐木工人每日的糧食或伐木工人的父母，也不會有這位伐木工人。再仔細看，我們會在這張紙裡看見自己。因為這張紙在我的覺知裡，也在你的覺知裡。你會發現，一切都在這張紙裡：時間、空間、大地、雨水、陽光、礦物、浮雲、河流，一切在這張紙裡並存。

你無法獨立存在，你必須與一切萬有相互依存，所以我們的生活是需要仰賴外在的因緣，當你有了這個認知就會感恩這一切。

第三為「懺悔」，懺悔這兩個字在《六祖壇經・懺悔第六》說：「懺者，懺其前愆，從前所有惡業、愚迷、憍誑、嫉妒等罪，悉皆盡懺，永不復起，是名為懺；悔者，悔其後過，從今以後，所有惡業、愚迷、憍誑、嫉妒等罪，今已覺悟，悉皆永斷，更不復作，是名為悔；故稱懺悔。」

簡單來說，就是在自我反省和自我檢束之中去找到過錯與過失，勇敢地認錯並且改過向善、痛改前非，從此不再重蹈覆轍、不再犯錯的意思。

我們以前讀書時都會讀到的《論語》裡面就有一句名言：「吾日三省吾身」，這就是在教導我們要養成自我反省的習慣，然後藉由反省來發現到自己的過錯或是做不好的地方。有發現到過錯都是好事，因為最怕的是自己連錯在哪裡都不知道，這才是最大的問題。

知道錯了，沒關係！認錯改過就好。有一句名言：「人非聖賢，孰能無過？知錯能改，善莫大焉！」我們每個人都不是完美的人，誰沒有過錯呢？知道了自己的過錯能夠痛改前非，這才是難能可貴的！

但是往往最困難的是，知道錯了但不敢面對，當你要面對自己所犯下的錯誤是需要極大的勇氣，有句話是這麼說的：「死不認錯」，寧可去死也不要認錯。

所以我們在敬神禮佛的同時，讓自己的心沉靜下來，好好地思考自己曾經所犯的過錯，這樣你知道了問題又正視了問題，才能勇敢地去解決問題，不然終究在那個你常犯下的過錯裡輪迴。

或許有人認為自己一生平順甚至富貴榮華，並沒有遇到什麼障礙與困擾，一生雖然沒有行善佈施但也沒有做出傷害別人的事，根本不需要懺悔。

其實是我們自己不知道犯下了哪些過失與過錯，你根本不知道你所做的哪些是不對的，或是忘記了你曾經所犯下的過錯；再說遠一點就是你宿世以來所積累的罪業，所以才會影響著你這輩子的生活種種，古人說：「落土時，八字命。」這句話就是很淺顯易懂地表達出，上輩子的所作所為，註定了你這輩子的一生命運。所以不論你當下有沒有犯錯都要懺悔，懺悔是包含了過去、現在、未來的。

現今的社會中大多人的拜神總是想要擁有回報，認為自己準備了供品、金紙前去就可以讓自己心想事成、所求如願，那這樣不就失去了原本拜神的意義嗎？演變成另類的交易，一個人與神的交易。

但這都沒關係的，因為他們大多不瞭解拜神的意義是什麼？又該怎麼拜神。希望藉由這一篇來讓大家可以更加的瞭解，在拜神的過程中是能夠真真實實地收穫，除了利益自己擁有功德，也能逐漸利益他人廣修福德資糧。

但也有少部分人是「荒謬」的拜神，為什麼我會說是荒謬呢？

我舉個幾個例子：

有的人作息不正常、飲食不節制，導致身體生病了，求神佛保佑他康復痊癒；有的人遊手好閒、無所事事，整天做著白日夢，求神佛保佑他賺大錢發大財；有的人工作不努力、沒有上進心，導致業績達不到，求神佛保佑他職位高升；有的人整天說人是非、搬弄口舌，導致自己沒人緣，求神佛保佑他小人遠去。

以上這些原因出自於誰，都是自己嘛！沒有懺悔之心，就很難發覺到自己的過錯所造成的問題，連問題都沒發現，那又如何可以解決呢？！

這讓我想起了七祖仙師垂訓：「莫求立竿見影神通，須知凡事有捨有得」，要知道一切的根源在自己，不要去追求立馬見效的感應與神通，要知道任何的事情都是有捨方有得，耕耘才有收穫。

關於感恩的對照比喻

舉個例子，假如在拜神之後，回家路上騎機車自摔受傷了：

心懷感恩之人，會覺得原本或許會更嚴重，是神佛保佑之下降低了傷害；心懷懺悔之人，會馬上檢視自己哪裡出問題，是不是騎太快、或者分心；不知感恩之人，會覺得為什麼神佛沒有保佑，剛去燒香完馬上就摔車了；不知懺悔之人，會怪罪於其他人事物，一定是馬路不平、機車性能不好。

這樣你們就知道拜神的基本觀念有多重要了吧！要知道當我們投遞好的心念與能量出去時，最後回到你身上的，就會是好的能量與回應。

誠心供養，心誠則靈

不論哪一尊神明，
首重經常禮敬與供養，持之以恆才能見成效。

自從擔任娘娘乩身而開放濟世之後，漸漸地也受到媒體關注而做了節目專訪，成為《台灣大代誌》其中一集的主角。在節目播出後，出門開始很容易被認出來。有一回我到台中的某間飲料店，點完飲料在外面等候，突然有一位穿著該店制服的人跑了出來，非常歡欣地問著我說：「先生，你是不是九天玄女的乩童？」

當下我有些尷尬地微笑著，並說到：「對啊！我就是九天玄女的乩童，您好您好！」

這位先生禮貌地遞出一張名片給我，我接過手看了一下，原來他是這間飲料店的店長，年輕有為的一位少年家。

陳店長說：「邱先生，方便詢問您一些問題嗎？」

我笑著回：「請說。」

陳店長很開心的跟我分享：「我都有去〇〇土地公廟還有〇〇土地公廟拜拜，為什麼生意上卻不見成效？」

我問他：「你多久去一次呢？為什麼想去哪裡？」

「邱先生，不好意思，請坐請坐。」店長示意我坐著說話。

我們兩個坐在櫃台外的椅子上，隨後店長遞上我剛才點的飲料，店長隨即向我說到：「我要顧店其實也沒什麼時間，差不多一年去一次吧！會想去那裡主要是看臉書上很多人打卡，想說來去朝聖請土地公幫忙一下生意。」

我跟他分享一個觀念，說：「其實不論拜哪一尊神明，最主要的是常禮敬與常供養，一年才去一次，除非你跟這尊神明有著極深的因緣，不然其實也很難有所感應。假設你去了一次就有感應或許那只是巧合！並非是這尊神明相助於你。」

店長說：「可是要我每週都去這哪有可能啊！我連一個月去一次都覺得很困難呢！」

我笑著說：「你覺得你很忙，所以沒什麼時間去拜拜！那麼你換個角度想，土地公其實也很忙的誒，祂老人家每天要面對各地前來朝拜的信徒，可是比你的客人多上好幾倍的誒。所以祂應該也是忙到沒時間來幫你！哈哈～」

店長聽到我帶有詼諧的說話方式，他也跟著笑了起來，他說：「哈哈，邱先生我聽懂你的話了！我沒時間去拜祂，祂哪裡有時間來幫我，你說的意思是不是這樣？」

「對！你沒看過臉書上很常被人分享的一段話，就是『神沒有義務幫你，憑什麼要神來幫你呢？』再來，我有一個建議給你！」我邊喝著飲料邊說著。

他點頭且非常認真地看著我。

喝完飲料後，我向他說：「有兩句話叫做：『遠親不如近鄰，遠水救不了近火』，我們禮敬諸神都是很好的功德與因緣，但不該捨近求遠，如佛教常說的不要有分別心，所以你應當先從附近的土地公廟開始禮敬供養。」

店長聽到如大夢初醒那般，他說：「對！我不曾拜過我們店面附近的土地公廟，甚至連我住家附近的也沒有，真的慚愧。」

我真誠地告訴他：「當你常去供養的時候，自然而然會有所感應的，先從每個月的初二、十六開始，千萬不要一日捕魚三日曬網。像剛才我說的那樣，當你時常去奉敬土地公時，想必土地公也會時常來看顧你的，這樣懂了嗎？」

店長接著問說：「那我需要準備什麼過去禮敬嗎？」

「最主要的誠心，但是也不能說我心誠則靈就好，其餘的供品都沒準備，這樣是不行的。供養神佛有五供，香、花、燈、果、茶這五種，我是希望可以用這五種做禮敬，如果沒有準備的這麼齊全的話，你也要準備個花果吧！」

店長點頭並拿起手機記錄著我說的話，隨後他又問我說：「那還有什麼需要注意的嗎？」

我說：「可以準備個白米一起去拜，拜好就捐贈給社福機構或是弱勢家庭等，有句話叫做有捨才有得，在你喜捨佈施的時候，是利益他人也是利益自己。」

店長問著我說：「白米需要準備多少呢？」

我向店長說：「發心容易恆心難！所以我希望你可以有恆心的去供養，然後白米的數量再慢慢地增加，這樣你在供養與佈施的過程中，一定也會有收穫的。」

店長專注地將我說的話記錄在手機上，記錄好之後，他抬起頭來問著我說：「不好意思，邱先生，我看網路上分享說，持誦《安土地神咒》可以幫助生意，這是真的嗎？」

我說：「真的！不過，要誠心！要專心！誠心地持誦，持誦時更要專心，持之以恆。不論任何神咒都是珍貴的，所以不管持誦什麼神咒時，一定要謹記我說的那兩點，自然可以感受到神咒的利益。還有就是不能喜新厭舊，例如昨日安土地神咒、今日六字大明咒、明日大悲咒，這樣也是沒有用的。」

店長接著問：「那我要去土地公廟唸嗎？」

「不用，在家、在店都可以唸！不過別胡亂唸就好。」

店長一臉茫然的問：「什麼胡亂唸？」

「例如：看著電視連續劇時在唸，然後你眼睛盯著電視，腦海想著劇情，只剩下嘴巴唸著咒語。這樣不如不要唸，知道嗎？」

最後，店長有著超多問題想要發問，可是我還有事情要處理，沒有辦法逐一為他解惑釋疑，臨走前我跟他說：「你就是先做我今天說的這兩項就會很有感了！其實問的太多，你也不知道從何做起，先做就對了！有空再來宮走走。」

事經數月後，這位店長跑來茶行找我，當下我想不起來他是哪位，直到他開口說了第一句後才回想起來。

這次看到他臉上多了幾分自信，他很開心地跟我分享著：「邱先生，現在我很認真的供奉土地公呢！每天只要有空我就開始持誦安土地神咒，每逢初二、十六我去土地公廟拜拜時，還會幫伯公仔整理一下環境，土地公廟如果沒有檀香粉、香環時，我也會買去供養土地公。」

「喲～發財了哦！恭喜恭喜！」我開玩笑地說著。

他一臉害羞的說：「哎唷，沒有啦！其實是業績有慢慢在成長，原本員工的汰換率很高，後來招募到幾位認真的好員工。總之就是越來越平順了，算是步上軌道。」

「這樣很好！但是不能因為現在情況好轉，你就開始荒廢、懶惰了。很多人在情況有改善之後，就會遺失了原本的初心，等到情況再次惡化時，你想要再去彌補也來不及了，知道嗎？」

他誠懇地回答我說：「我知道！現在持誦安土地神咒已經是我的生活中不可或缺的事情了，剛開始那陣子我有記錄唸了幾遍。後來我無形中之間就會想要持誦，所以就沒有繼續記錄次數了。」

「咒不離心，其神專一，虔誠持誦，聲聲感應。你用心的持誦，這個神咒的利益不單是可以幫助你的生意，而且還能保佑你的家人、員工出入平安，在家庭與店面上整個氣場也會大大提升，地脈興隆、自然萬事吉昌。」

他更是與我分享了供養土地公的心靈體悟，店長胸有成竹地說：「上次你有建議我除了基本的供品之外，可以準備白米一起拜土地公，拜完之後拿去捐助給社福機構或弱勢族群等等，在這個過程裡我發現到有許多人需要我們的幫助，也讓我的心漸漸地知足起來！不會像以前那樣沒生意時就怨天尤人，更將情緒遷怒給家人、員工，也難怪那時候請不到好員工，不！應該是說當時好員工也無法留在我這裡，現在經由行善轉變了心境，我面對人事物的看法不同，間接地影響了每個結果。」

「土地公也被稱為『福德正神』，那你知道福德這兩個字是什麼含意嗎？」我說。

店長搖搖頭表示不知道。

隨後我向他說明：「在佛教中很常提到『福德』這兩個字，簡單來說就是指福報與德行，所以佛教常勸大家要常修福德、廣積福德資糧。我們拜神要懂得感恩，然後更以這尊神明的精神做為目標，當你供奉『福德正神』時，更要警惕自己要常修『福德』。」

店長聽完我的話後，他甚是歡欣地說著：「聽君一席話，勝讀十年書！如果你住在我家隔壁不知道有多好。」

「有緣千里來相會，無緣對面不相逢！這跟距離沒有關係，是跟緣份有關係。」我笑回。

緣起之時，總會有轉機出現，在生活不順遂卻不知如何是好的時候，冥冥之中總有個神祕的力量，牽引著你我相識結緣，這是因緣的安排，也是彼此靈魂中的某項約定。

天助自助者

在我們尋求神明的幫助之前，或許先反過來探問自己是否先做到誠心祈求？在專注於禮敬拜神的同時，也有機會能夠發現到自己不足的自省覺悟。如上述故事中的老闆，藉由供養的動作去覺察到自己的遷怒、開始願意關心弱勢族群，這也是拜神的過程中另一個很重要、也對自己有益的收穫。姑且無法得知是否真有土地公來相助，但也絕對是跟土地公有著善的因緣，而結出善果。

險被心魔吞噬的危機

心如果出現了裂縫，那麼邪氣就會趁虛而入，
靜悄悄地寄宿在你的心裡，
吸取你的負面情緒，逐漸增長為一股邪惡能量，
讓你喪失心智、身處險境而深陷在無盡地黑暗漩渦中……

某年十月底的一天夜晚，我坐在宮外的長板凳上，享受秋天的涼風吹撫，突然有通電話打來。我接了起來，電話那頭哭著說：「宮主，可以麻煩您救救我嗎？我是林仁佑，現在整個人都很不對勁，腦海裡面都是胡思亂想，我快要

發瘋了。這幾天晚上都睡不著，連吃安眠藥也沒有用，心裡面都是邪念！很怕我會做出不理智的事情，拜託您幫幫我好嗎？」

我問他：「你是怎麼了？慢慢說沒關係。」

林仁佑師兄為人忠厚老實，尤其對父母親也是非常孝順，儘管我處理過的案件應該不下千人，但是我對林師兄非常有印象。

回想起他第一次來請示的時候，當天請示的人非常多，我辦到半夜三點才結束，而林仁佑師兄就是排最後一個，當我退駕清醒過來之後，工作人員告訴我，有位師兄想請教我一些事情，在談話中我才知道，他為了請示母親的身體，專程從台中北屯騎機車過來請示的。

在他回家前，我特別叮嚀著小心騎車路途遙遠，然後我詢問工作人員：明明我很早就看到他來報到了，怎麼是排到最後一個呢？工作人員告訴我說，這位林師兄說有很多問題想請示，怕耽誤到其他人的時間，才請我們讓他排在最後一個問事。

因此，我對這位林師兄非常有印象！第一是他的孝心，為了母親的身體專程過來請示，不辭路途辛勞。第二是他的禮讓，他怕影響到別人的時間，所以願意將自己的時間奉獻出來。第三是他的感恩，在請示完事情之後還留下來等我清醒，專程要向我道謝。

於是當接到這一通電話，猶如來自於地獄的響鐘，是種無助的求救訊息，是靈魂！是林仁佑師兄的靈魂！他的靈魂深怕心魔吞噬掉一切，用著最後那一點靈光，讓他撥打了這通電話。

我聽到他說的這一些話之後，我知道一場佛魔大戰即將到來，為什麼我會這麼說呢？要知道人的心是奇妙的，在每一念之間都會決定後面的結果，有句話是這麼說的：「一念成佛，一念成魔。」

我安撫著電話另一端的林師兄請他慢慢的說，將現在的狀況說給我聽，我才知道要如何去引領他走出眼前的困境，讓他找回原本的那一點靈光，那個來自於靈性的光芒。

林師兄哭泣地說：「我全身很不舒服很不對勁，心會莫名地恐慌與害怕，有時候卻不自主的亂想，想的都是不好的東西，都是邪念！我的心魔一直跑出來，一直影響著我，我現在睡也睡不著、吃也吃不下，感覺整個人快死了。邱師兄，對不起！我真的不知道該怎麼辦才打這通電話給你，求你救救我好嗎？」

我馬上拿出香菸抽著，我告訴林師兄說：「這個狀況多久了？你有沒有去哪裡？」

林師兄說：「快要一個多月了！但是情況越來越嚴重，我真的快受不了了。然後我有看到網路上的一些文章，這些文章是說神明降示的，但我看到之後非常的害怕，內心非常恐慌，所以非常希望您可以幫我解惑，因為我不知道我會做出什麼事情。」

我語氣緩慢地告訴著他：「師兄，你打了這通電話給我，就表示娘娘有在照顧你，這就是因緣的牽引。」

林師兄問說：「那現在我要怎麼做？我心裡非常害怕又一直亂想，我很想過去找你，但是又怕害到你，因為我的心魔很重會影響到別人。」

在這幾句的對話下來，感覺他的情緒一直不穩定，所以說話也有點語無倫次，大腦都在同一個點打轉而無法冷靜下來思考。

我語重心長地對他說：「師兄，你現在要做的事情就是等等掛掉電話之後，開始念『崇受宮九天玄女』，一直重複的唸，知道嗎？」

林師兄彷彿有比較清醒一點了，他問著：「那我要唸幾遍、要唸幾次呢？」

我告訴他說：「一直唸，不要去數幾遍了！如果今晚還是睡不著的話，那就一整晚都唸著這一句，這樣知道嗎？」

林師兄繼續問著：「那可以唸出聲嗎？還是只能在心裡默唸而已。」

「都沒有關係！重點就是一直唸、一直唸。」我給予他明確的方向，讓他藉由持誦九天玄女的名號，降低了心中的雜念與妄念，更是讓他在持誦中可以得到娘娘的庇佑。

林師兄回答我說他知道了，在掛電話之後，我趕緊起身去洗澡，準備幫林仁佑修法，幫助他可以渡過眼前這一個關卡。

我焚三柱清香，恭向恩主稟明林仁佑的資料與狀況，隨後我盤起雙腿開始打坐，我微閉著眼睛調整著呼吸吐納，口中唸誦著咒語觀神召將，先為他清淨身心，安定住他目前混亂的心神。

虛空中，祥雲上，恭請五龍齊來臨，口中吐水洗清淨；
破心魔，除邪氣，心安身寧化吉祥，三魂七魄歸神亭。

霎那間，看見林師兄身邊圍繞著一股邪氣！此邪氣並非無來由的，而是林師兄早前在信仰上曾接觸到一些邪見，誤把邪見當正理，心魔由此日漸增長，最後形成一股力量干擾著他，幸好他宿有善緣才有機會遇見九天玄女，遇見了我！

直到修法完已經凌晨三點多了，隔天我睡比較晚，到了中午才起床，剛睜開眼還在床上的時候，我拿起手機一看林仁佑師兄打了好幾通電話給我，看我沒有接然後傳了好幾封的簡訊過來。我盥洗完畢走到樓下向恩主奉香後，回了一封簡訊過去。

簡訊內容如下：「這些問題你現在都不要去想，有一個任務要給你做，從今天開始你去土地公廟拜拜，將你們區的土地公廟都奉香朝禮過，奉香完再幫土地公做一下環境整理。」

林師兄馬上回訊問：「邱師兄，我奉香要怎麼說？要怎麼跟土地公說話？」

我回：「你到土地公廟的時候，點香跟土地公說『弟子林仁佑，遵奉南投崇受宮九天玄女的指示，前來向〇〇宮福德正神奉香朝敬。』拜好之後，幫忙整理一下環境，掃地、擦桌子、撿垃圾都可以。」

林師兄回了簡單一句：「好，我知道。」

我回：「但你要先尊重廟方，要先跟管理人員詢問方不方便讓你幫忙整理一下環境。然後邊整理時邊念誦『崇受宮九天玄女』，再拿一本筆記本，將去過的土地公廟給記錄下來，包括日期、時間還有工作內容都要寫下來。」

林師兄回：「好，那是指我們這一里的土地公廟還是這一區的土地公廟呢？」

我回：「你們那一區的都去，一定要做知道嗎？」

那天晚上我收到了林師兄傳來的照片與筆記內容，內容如下：

〈日期：10／18〉

時間：14:36，地點：柳楊西街上面的土地公廟，內容：擦桌子、掃地，完成時間：14:50。

時間：14:56，地點：昌平路文心路口福德祠，內容：擦桌子、掃地，完成時間：15:48。

時間：16:00，地點：天津路四段平安里土地公廟，內容：擦桌子，完成時間：16:25。

時間：16:34，地點：二分埔福德宮，內容：擦桌子、掃地，完成時間：17:10。

看到他有聽從我的指示，很替他開心，因為天助自助者，倘若自己不願意踏出第一步去做的話，假使請來大羅金仙也沒辦法幫他的。神通不敵業力，業力不敵願力，當他心中啟願去做的時候，力量也開始慢慢的累積了。

不過問題已經根深蒂固，一時一會間是無法見得其效的，隔沒多久時間，林師兄又傳訊息過來，他問我說：「邱師兄，我的心裡邪念、惡念、魔念還一直干擾著我，求求您高抬貴手救救我好嗎？我很想去自殺，可是又想到我父母年邁身體不好，我走了又該怎麼辦？可是我不走，又怕這些魔會去害他們。」

我回訊給他說：「你今天已經做得很好哦！要有信心可以戰勝心魔的。今天才第一天而已，難免還會有這些現象，繼續唸娘娘的聖號，明天繼續去土地公廟。」

他馬上又傳了訊息過來：「師兄，我剛剛有去跟神明擲筊，請示我是不是沒救了！是不是上天要處罰我！是不是有很多心魔在害我！我現在該怎麼辦？」

我耐心地按著手機螢幕一字一句地開導：「現在你不要去擲筊、抽籤、收驚、占卜、問事等等，因為你的心魔還在作祟中，還去接觸這些的話會被影響，這樣情況會越來越糟。」

於是林仁佑師兄每天都會固定傳照片與筆記給我，向我報告他每天去了哪些土地公廟、做了哪些事情，他秉持著我給予的指示實踐著，不論颳風下雨、任何事情都會去履行。其中一天還跟我分享說：「有一間土地公廟位在大坑山上，沒有水和清潔工具，所以我專程下山載了兩桶水和工具上去整理，整理完覺得整個人很輕鬆。」

過了兩個月左右，林師兄完成了這項任務，他帶著筆記本來請示九天玄女，娘娘慈悲指示著他：「集福消災，此行就是要汝供養諸位福德正神，福德正神自然靈佑予汝，賜福降德予汝，心魔因此退去！汝該當回去向諸位福德正神答謝護佑之恩，並向福德正神求取淨水回家淨身。」

林仁佑師兄當場跪在地上，哭著向娘娘嗑頭答謝，他哭著說：「感謝玄女娘娘沒有放棄我，在我最難過的時候願意幫我一把，也感謝邱師兄一直以來也沒有放棄我，我知道他工作很忙事情也很多，還有那麼多人需要他的幫忙，他還是一直鼓勵我教導我。娘娘，您使我再次重生，『恩同再造』。」

當娘娘指示完畢退駕後，林師兄跟之前一樣依然等我清醒過來，要專程向我道謝，我看到他的神情氣色恢復正常，很開心地跟他說：「師兄，恭喜哦！

你渡過了一個大關。」

「師兄！你別這麼說啦，如果沒有你和娘娘的幫忙，現在我不是發瘋就是不在世間上了。」林師兄很感激地說著，他說著說著眼淚就流了下來，一直感謝著。

我向他說：「這是你願意相信我，不然你如果心生懷疑的話，那我也幫不了你啊。這次的任務是很殊勝的，第一，供養福德正神是大功德；第二，護持道場整潔也是大功德，你集結了這些福報，自然為你消除了災厄與魔障。所以回去之後，更要照著剛才娘娘交代你的事情去做，好好地答謝這些福德正神對你的幫忙，知道嗎？」

林師兄點頭表示會繼續完成娘娘所交代的事情，直到我寫故事的前一天，還與林師兄通過電話，我向他詢問說能不能將他的這則故事分享出來，他很開心地說希望可以藉由我的敘述，讓更多人知道九天玄女娘娘的慈悲與供養福德正神是有大感應存在的。

信念會產生力量

念神是意念，供養是動作，藉由動作的執行，從身體力行的過程中去感受自己虔誠的發願心與周圍正面氣場加持；誦持名號的作用也是，能進而加強你的意志，只要心中有堅定的信念，信念會產生力量，便能幫助你抵抗邪惡。

第二章 我在人間修行

很多人對「修行」這兩個字充滿了各種看法，有的人一聽到修行就認為是要當乩童、靈媒、通靈人等，認為這是迷信的行為所以嗤之以鼻；有的人一聽到修行就認為是要拋家棄子、捨棄家產等，然後非常的恐懼與排斥。當你深入在修行之中，將會喜歡上修行。因為任何一切事物將會變得不一樣，會讓你充滿自信，身心靈上都擁有著不同以往的豐裕，讓你的靈魂得到了累世來所想要的經歷與成就，這不是侷限在生命的意義上，而是靈性的開啟與收穫。

修行，即為謹言慎行

「修行」這件事情可以很稀鬆平常、可以很神聖非凡，但是你會好奇：「為什麼要修行？」

答案是什麼呢？

「簡單來說就是利益自己，然後利益眾生，就這麼簡單。」

「修行」一詞裡的「修」就是改變調整，有修正、修改和修除等意義；「行」就是心行、言行。簡單來說就是修正、改變你的心態言行，將不好的觀念與陋習給修改掉，逐漸地讓自己的心態與言行舉止變好，不該想的別去想、不該說的不要說、不該做的不要做，慢慢地調整改變，這就是修行。

當你知道什麼是修行之後，你還覺得沒辦法嗎？如果有的話，那應該就是你自己只想安於現狀、根本不想要實際地去修行，只是把修行這兩個字掛在嘴巴當話題罷了。

很多人都曾問過我同樣的問題，就是他認為目前的生活沒有辦法修行，那他到底要不要修行？還是可不可以晚一點再修行？我最常聽到的狀況有幾個，我的孩子還小所以沒辦法修行、我的事業正在打拼所以沒辦法修行、我的家人生病需要照顧所以沒辦法修行、我和家人的關係不好每天爭吵所以沒辦法修行……這些問題底下其實都只是你無法面對自己的懈怠、懶惰，以及無形間的業障、阻礙啊！若總是一直問著而永遠不肯邁出第一步，那就只是在原地踏步而已。

下定決心是落實修行的第一步

有天一位多年未見的老同學小蓁，帶著她的小孩們到宮裡找我，當年還只是一位綁著馬尾的女孩子，幾年不見已經成為二寶媽了，真是歲月不饒人啊！小蓁參拜完宮裡的恩主後，她坐在椅子上向我分享著過往，她說：「我前幾年突然罹患了憂鬱症，那陣子我常常自己一個人躲在房間裡面，腦海裡一直想著許多不好的事情，不管家人還是朋友怎麼勸我都沒有用，還是沒有辦法往好的地方想，一直在那個恐怖的漩渦裡打轉。」小蓁在說這段話的時候，她的臉上透露出一股脫俗的微笑，語氣輕鬆地說著，如果沒有聽她說起這段過往，一般人都不會相信這位陽光少女曾經深陷在憂鬱症裡面。

我開玩笑地說著：「如果沒有聽你的話，我真不敢相信你曾經受到憂鬱症的困擾，那種苦痛我可以明白的，很高興現在的你又回到了從前那個開朗愛笑的你。」

小蓁輕輕地將手放在椅子上，神情自若地說：「其實當初我也不知道為什麼會突然那樣，但是在恢復到正常的這段時間，是真的滿辛苦的！尤其是我的老公一直陪伴著我、鼓勵著我，沒有離開我。」

「愛，是真心地為對方擔心，是全心地為對方付出。恭喜你嫁了一位好老公。」我很替她開心，擁有一位真心為對方付出的人生伴侶。

小蓁抬起頭來看向宮裡面的神像，沉默了一會後，她問著我：「我可以問你嗎？為什麼你會踏上修行這條路呢？」

我回答著：「使命吧！一個靈魂的約定，成為我這輩子的使命。」

小蓁接著問我說：「我會這樣問你是因為我在憂鬱症的那段時間裡，家人四處為我求神拜佛，突然有一天我作了一個夢，夢到一位女士穿著古裝，就像電視劇《三生三世》的女主角白淺那樣，整個很美很有氣質，她朝著我揮了一下衣袖後，又對著我彈了一下手指，好像是彈了什麼東西給我，後面好像對我說了很多話，可是我有吃安眠藥的關係，醒來只記得她有跟我說話，但不知道說了什麼。」

我很少在看電視或是追劇，所以我完全無法理解她說的服裝到底是長怎樣，於是小蓁馬上拿出手機找圖片給我看。

小蓁將手機接過去之後，用一種很認真的表情看著我，問說：「所以那位女士是誰？」

聽到她的問題後，我忍不住笑了出來！我笑著對她說：「你應該去問她吧？怎麼是來問我呢？哈哈！」

小蓁聽到我的答案後也跟著笑了起來，她笑著說：「那我今天來找你就是找對人了！因為在那個夢之後，我的病逐漸恢復起來，恐慌與害怕也越來越少，藥物的劑量也逐漸降低，然後我就好了！我把這個夢跟我老公還有家人們說，他們都覺得是某一尊神明來幫我的，所以他們就帶我四處去還願謝神，當初有去求過的廟宇通通走一遍。但是不知道為什麼，我去問那些宮廟的人，他們都說是來自他們廟裡面的神來託夢的，可是我總得覺不太對，但又說不出來哪裡不對。所以我只好來找邱大師，聽聽大師的開示。」

「莫黑白叫啦！我不是什麼大師。」我連忙阻止她這句稱呼。

小蓁看到我的反應後，笑得更加開心了！她說著：「我就知道邱大師跟那些人不一樣，答案一定出乎常人。果然被我猜中了！你說話的方式還是跟以前一樣。」

「無事不登三寶殿！所以你今天的重點不可能這麼簡單而已，趕快說，到底有什麼目的！」

小蓁用手輕拍了一下腳，淘氣地說：「幹嘛這樣說啦！不過我倒是真的有一個問題想問你。」

「說吧～什麼問題？」

小蓁說：「我想要修行！但是我現在小孩都還小，目前是全職媽媽，照顧小孩然後也在網路上賣些東西，我的時間根本不夠用，每天累到爆表所以根本沒有辦法修行，但是我的心裡一直想要踏入修行，那我現在該怎麼做？」

我一改前面的輕鬆語氣，很嚴肅地回答小蓁說：「你的心並沒有想要踏入修行！更別說到一直想要踏入修行！」

小蓁似乎被我的話嚇到，她連忙解釋著：「我是真的想要修行！只是現在的我根本沒有時間修行，也沒有辦法修行。」

我直接回答她說：「那是你的事！」

小蓁臉上馬上露出疑惑的表情，非常疑惑地說：「我的事？」

「對！這些都是你的問題，如果你連自己的問題都無法面對處理，那你談何修行？」

小蓁愣了好幾秒後，重覆問了好幾次這個問題，但我的答案都一樣。小蓁當天來找我，是想要找尋到一個答案，卻沒想到她反而抱了個更大的問題回家。

好幾個月過去，小蓁又來找我了！她一看到我就迫不及待地說著：「大師！感謝你那天的開示。」

「開示？什麼開示？有嗎？我怎麼沒有印象？」我疑惑地問著小蓁。

小蓁胸有成竹地回答我：「有啊！上一次我來找你的時候，問你說我想修行但是又沒辦法修行要怎麼辦？你跟我說了好幾句話，當時我真的聽不懂，直到前幾天我才突然想通了那些話的意思。」

我笑著說：「所以是什麼意思？你解釋一下。」

小蓁坐在椅子上神情愉悅地說著：「你說我不是真心想要修行，當時我很生氣你為什麼這麼說，甚至在心裡罵你就是沒帶過小孩、不知道辛苦才會這樣說我。後來我想通你的那些話！因為我如果真心想要修行的話，我就不會向你提出那樣的問題了！我也發現自己當時內心是非常猶豫的，並不是像自己說的那樣一直想要修行。最後你那一句『這些都是你的問題，如果你連自己的問題都無法面對處理，那你談何修行？』意思是我要修行的話，就要思考著如何在現有的生活裡，有效地規劃時間安排，自然就有辦法修行了。」

我告訴小蓁說：「對！你如果不去面對的話，問題一樣是問題，永遠沒有解決方式與答案出現。所以你上次的問題，不是我不給你方式和答案，而是要你為自己的人生作抉擇。我記得上次你說『孩子還小所以沒辦法修行。』有句話叫做「言教不如身教」，父母親的言行舉止其實是最直接影響到小孩的，父母在面對人事物的應對處理，都是無形間傳遞給小孩的價值觀與認知，孩子從小便從這一切學到什麼是「好的」、「對的」、「壞的」、「錯的」，而在這個價值基礎上長大。如果我們教導孩子的價值觀是一套，自己表現出來的又是另一套，孩子怎麼會信服呢？」

我繼續說：「最基本的修行就是修正你的心態言行，所以修行是對教養小孩這事有絕對的幫助，也是以身作則為下一代作一個好榜樣，給予良好的價值觀與教育，這是最好不過的事情。所以上回聽到你說的話，我差點暈倒，你還敢說你一心想要修行呢！」

「大師，別再虧了啦！那我現在該怎麼落實修行？我已經下定決心與做好準備了。」小蓁臉上非常期待的問著我。

我認真地告訴她：「發心容易恆心難！你現在發了這個心念，但是你要知道，持之以恆才是最困難的。」

小蓁誠懇地說：「我會堅持住的！」

最後我建議小蓁修行方式，讓她可以循序漸進地修行，並且關注她的道心是否堅定，有沒有因為阻礙而萌生退意。

修行不難，從自身行為開始實踐

修行就是修正你的心態言行，將不好的觀念與陋習修改掉，逐漸地讓自己的心態與言行舉止變好，這是個基本認知觀念。

有了這個觀念之後，先從自己開始慢慢調整改變，藉由各種修行方式，讓自己從學道、行道、悟道、證道的過程，使身心趨向正道，最終達到「與道合真」的境界。

許多人雖然有了這個觀念，但卻不知道該透過何種方式來幫助自己的修行。對於一般信眾，比較提倡的修行方式有：禮敬高真、感恩懺悔、行善積德、濟人利物、捨財作福，然後再進一階的學習教儀、敬重師長、詠誦經典、廣覽玄文、護持正法等。

再更進階的則是打坐煉氣之類的修行方式，而這一類修行需要有正統師承，才能避免一般人在修煉的過程中出偏走火，因此對一般人或是初學者而言，比較不提倡這個。

修行過程中其實最講究的是「實修」，從自身的行為開始實踐，將經典中提及的、以及與老師所教導的理論付諸於實行檢驗，讓我們在這個過程中可以學習。包括我剛說到的修養身心、行善積德、持誦經文等，先在這些方式與理論中實踐，最後你會在實踐中理解這些道理。

修行的好，唯有自己做過才知道

其實大部分的人對於修行還是充滿了疑惑，因為大家都不曾感受過修行所帶來的美好。

例如你不曾喝過茶，即使我跟你說這泡茶充滿了清新脫俗的茶香、喝了之後韻味十足還會回甘，你始終仍會懷疑我說的話，然後在內心裡悄悄地想著：「真的有那麼香嗎？真的有那麼好喝嗎？」只有當自己實際喝過了，自然不需太多的言語文字，你也能體會到這一切的奧妙與利益。

靜坐，觀察身體的變化

靜坐。靜靜地感受著身體的脈絡與心靈起伏，
當一切都回歸到寧靜、沒有任何俗事的紛擾，
只有你自己真實地感受，在吸吐之間，
在起心動念之間所體驗到前所未有的覺察，
將會讓你重新地認識自己、擁有自己，
進而開啟這扇靈性之門。

現今社會的大多數人常穿梭在各種現實、家庭與工作等各種難題中，不自覺讓生活充滿了許多壓力與煩惱，導致自身情緒不穩而變得低落，當心裡累積了滿滿的負能量與負面想法，身體也會受到影響，進而開始出現食慾不振、精

神不濟、睡眠不好等等，甚至產生各種疾病。

當你遇上這些問題卻不知道如何解決的時候，其實靜坐是一門很好的功夫，可以讓你在這趟寧靜的過程中，將你平時緊繃的壓力逐漸卸除，也可以減少內心的焦慮煩躁與恐懼不安，則睡眠品質自然就會改善，這些感受上的覺察，會更為細緻地漸漸幫助你的心靈提升至平和的狀態。在這個屬於你自己的時光裡面，你的一切將會經由這個過程而改變。因此，未來你會在靜坐中獲得更多好處與靈性的體驗。

靜坐是什麼呢？是一種讓你可以認識到自己、修復自己、創造自己的方法，更是讓你通往靈性體驗的方法。

靜坐是在既定的坐姿下，配合著坐姿、呼吸、心念想法等，讓身體卸除壓力、呼吸進而綿長細密、讓心中不再產生任何的想法情緒，逐漸引領你的身心回歸到一個寧靜的狀態。

「水靜極則形象明，心靜極則智慧生」，當水波盪漾的時候，是無法看清楚水中倒影的，只有在水面平靜的時候，倒影才會漸漸清楚地顯示出來；人心亦如水面，當心靜下來的時候，才能一掃眼前的迷茫，擁有明辨是非，看透一切的智慧。

靜坐首重坐姿正確

靜坐需要循序漸進的練習，從調身、調息、最後來到調心。調身就是藉由靜坐來調理身體，所以一開始的坐姿是很重要的，正確的坐姿可以幫助我們聚集身體的能量，在靜坐的當下，身體便開始了伸展與修復的進行，雖然一開始的時候，你很難察覺到身體上的變化，但你會越來越清晰地感知身體產生不一樣的地方。

也許你會好奇坐姿為什麼可以調理身體呢？當我們靜坐時的雙盤腿姿勢，

除了有拉筋的作用之外，也可使全身血液逐漸集中在上半身，此時心臟的收縮增強，造成上半身內臟的血流增加，可以讓我們身體的代謝增加並增強免疫力，因此就有了雙盤腿可強身的說法。

而腰桿打直挺胸而坐，會讓我們的呼吸更加順暢，促進體內血液循環的暢通，使得氣脈可以調和，進而達到舒筋活血的狀態。

相對的，如果坐姿不正確的話，將容易影響到我們的血液循環與氣血運行，原本應該要聚集能量卻變成消耗能量，最後就容易產生一些身體上的副作用，反而會干擾靜坐的品質，很難往前繼續邁進，甚至會讓你因此放棄靜坐。就像以前我們讀書時候，老師總是叮囑著我們的坐姿，正確的坐姿可以讓我們精神煥發、神采飛揚；不正確的坐姿則容易讓我們無精打采、昏昏欲睡。

我去過很多間大廟都設有靜坐區或禪修區，提供一般民眾可以在那裡靜坐禪修，每次我去參拜時，都會順道觀察一下這些靜坐的修行者，大部分的人在坐姿上有很大的調整空間，唯有少數幾個的坐姿是正確的。儘管一般人都知道靜坐的好處，卻很少有人知道要如何正確的靜坐，甚至想要學習靜坐卻不知道從何坐起，才導致自身在靜坐上沒有得到好的回應與收穫，這都是很可惜的！

調息，吸吐間聚集能量

調息就是調整我們呼吸的速度與頻率，於一吸一吐之間聚集能量，不僅是在中醫上提及呼吸可以幫助身體增補氣血、排出病氣，在西醫上也有談到正確的呼吸方法能夠提升肺活量，藉著肺活量的提升，促進血液循環，使氧氣能充分被運送到器官各處，加速新陳代謝。

在這一兩年疫情嚴峻的時期，大家都知道一個名詞叫做「血氧」，血氧是指血液中氧氣的含量，由此可知在我們身體的血液中都存在著氧氣，倘若血氧濃度不足時，就有生命危險。

當人在焦慮或面對壓力時，容易呼吸急促短淺，嚴重時甚至令人頭昏，在不少的研究中顯示，呼吸急促的人容易不安、產生壓力，破壞身體的自律神經；而呼吸平緩的人，情緒往往較為安定、自律神經也更平衡，健康也好些，由此可知調整呼吸能夠幫助我們的身心。

調心，消除妄念

調心就是調整我們的心理，最基本的就是一開始的認知觀念，若能擁有正確的認知，就能避免掉許多錯誤的念頭與妄想出現。有正確的觀念之後，就能慢慢地配合許多練心的方式，練習讓我們的內心盡量不起妄念、或是起妄念的時候該如何降伏妄念。

在《太上老君說常清淨經》這本寶經裡面提及許多關於調心的部分，也明顯地指出調心有著很多好處，例如：「夫人神好清，而心擾之；人心好靜，而慾牽之。常能遣其慾而心自靜，澄其心而神自清，自然六慾不生，三毒消滅。」（這一段話包含了許多的奧妙之處，祝福各位在這段話裡面可以有所體悟。）

想學好靜坐，先找好老師

想要習得正確的靜坐方法與良好的靜坐品質，首先要選擇一位好的老師，能夠在初期指導正確觀念與方法，才能幫助你真實地體驗，否則很容易會產生負面的影響，更嚴重一點會讓人走火入魔，甚至進入了邪魔境界而自己還沒有發現，錯把詛咒當成祝福。有一句話「水能載舟亦能覆舟」，在靜坐的實踐上要格外的謹慎小心，盡量遵循著指引慢慢往前，勿操之過急，別抱著想要立即擁有什麼成效的想法，靜坐到最後，終究會讓你真實地擁有。別以為你可以在沒人指引之下就能夠體驗，除非你是百年難得一見的練武奇才！

貪求神通的靜坐易走火入魔

曾有位好友跟我分享他的自身經歷，好幾年前他的心臟產生疼痛，每次痛起來的時候都讓他痛苦到在地上打滾，痛到全身冒冷汗顫抖，他說那種感覺就像是心臟被人緊緊地掐住那樣，幾乎能感覺到天堂離他不遠了！所以他趕緊去醫院掛急診，也接連做了許多檢查，但是檢驗報告都顯示正常，醫生也找不出原因！既然看醫生沒有得到解決，不論吃藥打針都無法舒緩這個症狀，於是他只好求助於神佛的幫忙。

於是他到一間供奉濟公師父的宮壇尋求幫助，師父降駕時，穿著一身破架裟，一手搖著蒲扇，一手端著葫蘆，不時搖著蒲扇邊喝酒。

濟公師父笑嘻嘻地對著他說：「徒兒，你來了啊？」

我那位朋友聽到時整個人都傻眼了，他心想自己是第一次過來，為什麼濟公師父會這樣對他說話呢？

於是他向濟公師父說明了自己的狀況，希望可以請濟公師父幫忙，讓他身體恢復健康。

濟公師父搖了搖蒲扇對著他說：「弟子啊，你與我有緣！所以為師要收你為徒啊，這樣你的身體之事也能得到解決，這樣好不好啊？」

我朋友說當時他心想看醫生就看不好了，所以抱著死馬當活馬醫的心態，馬上答允了濟公師父。

濟公師父聽到他的回答後非常開心，笑聲還比宮內的鐘鼓聲還要響亮呢！師父對著他說：「沒事沒事，我開張符給你回去喝一喝就好了！但是你的身體好了之後記得來找為師哦！」

這話說完，濟公師父便站起身來走到他的前面，用著手裡的蒲扇拍了拍我朋友的心臟，隨後嘴巴含了一口酒朝他噴了過去，哇！那個時候他全身充滿著酒香。

那位朋友回去之後照著指示做，過沒幾天身體真的好了！心臟也不再疼痛了！因此他對濟公師父產生崇拜，迫不及待地回去找濟公師父。他第二次回去的時候，濟公師父一樣用著遊戲人間的模樣說著：「徒兒啊，現在你拜吾濟癲為師，那你要開始來宮裡靜坐哦！」

他很疑惑地問著濟公師父：「靜坐？」

濟公師父邊搖著蒲扇邊說著：「對啊，靜坐！要來宮裡靜坐。」

那位朋友回去之後，心裡非常地開心，簡直開心到快要飛上天了！他心想著可以藉由靜坐的過程，讓自己擁有像濟公師父的神通力與靈力，然後就可以幫助到許多的人們。

從此之後他非常認真地去那間宮靜坐，幾乎每天下班都會過去，每次靜坐的時間大概在半小時左右，這樣的靜坐生活長達了半年之久，他的恆心與毅力是很值得鼓勵的。

但是他卻說：「可是我後來沒有繼續靜坐的原因是那間宮壇的宮主叫我不要再靜坐了！他說我再坐下去會走火入魔。」

聽到這裡的時候，我問他：「那你有問宮主是出了什麼狀況嗎？還是宮主有跟你指正錯誤嗎？」

他嘆了一口大氣搖搖頭表示沒有，隨後他說：「當時靜坐的時候，這位宮主並沒有教導我如何靜坐，當他說我再坐下去會走火入魔的時候，也沒有跟我說是什麼情況！就直接叫我不要再坐了，所以我也沒有再去坐了。但是那時候我認為他是要偷藏步不肯讓我擁有神通，所以才叫我不要再靜坐了。我這個不好的念頭是直到來你們宮裡，看見牆壁上的一張新聞報導，才讓我對這一位宮主改變了想法。」

我很好奇地問他：「是哪一篇報導呢？」

他思考了好一會後說：「就是那位當事人原以為是靈動、神明降駕，後來發現是流產的小孩（嬰靈）附身，最後才由九天玄女娘娘降駕處理的那一篇。」

我微笑著說：「哦，原來是那篇啊！」

他認真地告訴我說：「我當時一看到這篇報導的時候，就覺得這個故事跟我的狀況很雷同，因為當時的我一直想要追求神通，擁有與別人不一樣的能力，所以才非常努力地靜坐，想要早點擁有超能力，但我卻不知道這樣的觀念是不正確的，甚至沉迷其中還不自知。那時候宮主應該是察覺到我在靜坐上已經出現異樣，他老人家深怕我走火入魔受了傷害，才趕緊阻止我繼續靜坐。」

我很認同他的這段體悟，誠懇地告訴他：「其實有很多人都知道靜坐有益，但卻不知道該如何教導其他人靜坐。你遇到的這位宮主人很好，因為他看到你即將有危險出現了，趕緊伸出援手幫忙。」

隨後我從口袋裡拿出手機給他，請他用我的手機Google《太上老君說常清淨經》，他接過我的手機、遲疑了好幾秒後，他困惑地問：「但是你的手機螢幕有上鎖誒，那我要怎麼使用呢？」

「對！像我們都知道智慧型手機很好用也很便利，還可以用Google搜尋到我們想要的資訊，但是我沒告訴你密碼或是如何解開螢幕鎖，你就獨自去猜想密碼解鎖，這樣錯誤的頻率是很高的，最後手機就會上鎖而無法使用。你說的就是類似這個意思，靜坐是真的擁有許多的好處與利益，但是需要正確的方法，你才能真實地感受到好處，不然就會像我說的，還沒能用到Google，手機就先被鎖住了。」我用輕鬆的語氣向他說明著。

他聽到我的舉例後，臉上露出一種非常肯定的表情，認同我說的這段話！

選擇適合自己的修行方式

不論什麼修行方式都好，重點是一開始的認知觀念一定要正確，再配合正確又適合你的方式來修行。雖然有很多正確的修行方式，但不一定適用於每個人，也要因人而異有所調整，挑選一個適合自己的方式來修行，這樣才會事半功倍。例如：一個沒有繪畫天分的人，你讓他一直學繪畫，那是折磨他而不是幫助他；反之，如果是有繪畫天分的人，你讓他學繪畫，我相信他的成長速度一定很快，而且成就不低。

靈魂與我們的生命間皆有其運行的模式，而這個模式就是來自於我們的心，如果你能夠覺察到心的運行模式，那你就能透過任何一種修行方式，來成就你的生命與靈魂。

很多事情與遭遇其實都是來自於我們的心，當你瞭解了這些，你就會懂得如何去控制這顆充滿變化的心。

所以靜坐就是讓你靜靜地坐在這個地方，讓自己的身可以「定下來」、氣可以「沉下來」、心可以「靜下來」，讓自己不妄動、不妄想，來規範住這顆躁動的心。你要知道靜不下的人容易欠缺思考，沉不住氣的人容易煩躁衝動。

把注意力放在觀察自己的心上

我們的心充滿了許多無止盡的慾望，讓你無時無刻都想要滿足這些慾望，所以我們要知道「慈悲喜捨」、要知道「佈施行善」，心才不會一直不可遏制地因為慾望而想要抓住任何東西。

我很常鼓勵大家要覺察內心，但是我發現很多人不容易理解「覺察」這兩個字，所以換個說法：「注意力」，當你將注意力放在什麼地方上面，你就會越瞭解那個地方。以前你都把注意力放在別的地方，但你可能沒把注意力放在「心」這個地方上。

當你將注意力放在你的心上，你就會去觀察自己的心、觀察心所誘發的任何言行，觀察到自己在想什麼、觀察到在說什麼話、觀察到在做什麼事情、觀察到你的每一個起心動念、每一個言行舉止。

靜坐能讓你將注意力由身進入心、再由心進入身，最後你的這顆心將是明亮的，會讓你的生活充滿豐裕、讓你的靈魂充滿經歷。

誦經，學習經典中的真理

在修行的路上，誦經也是一個很好的方式，
可以讓自己的心靜下來、消除煩惱不安、獲得正確的觀念，
進而幫助自己的生活與身心。
但還是要透過正確的方式來學習，才能真實地收穫。

若想從經文上修行的話，可以先從讀經開始。那麼在讀經上要注意什麼嗎？朱子曾講述「讀書要三到」，用這個方法來讀經書是最好不過了。

朱子曰：「餘嘗謂，讀書有三到，謂心到，眼到，口到。心不在此，則眼不看仔細，心眼既不專一，卻只漫浪誦讀，決不能記，記亦不能久也。三到之中，心到最急。心既到矣，眼口豈不到乎？」

白話的解釋為：「我曾經說過：讀書有三到，謂心到、眼到、口到。心思不在書本上，那麼眼睛就不會仔細看，心和眼既然不專心致志，卻只是隨隨便便地讀，就一定不能記住，即使記住了也不能長久。三到之中，心到最重要。心既然已經到了，眼和口難道會不到嗎？」講求讀經首重心領神會的境界。

讀經，也要懂道理

很多人誦經只是嘴巴照著文字唸，心裡可能還是非常散亂的，邊誦經還邊想著其他事情，例如：誦經誦到一半還會說：「怎麼這麼熱啊？幫我搬台電風扇來」；有些人則是很專心地誦經，心裡沒有胡思亂想、沒有任何的妄念，但是也沒有深入經文裡面，完全不瞭解這本經書是在講述什麼，這樣也很難擁有經書裡的智慧。

若一位主行的法師連經文中的含義都不明瞭了，那他如何「講經說法」

呢？而前去的眾生們如何「聽經聞法」呢？

很多經典中的字句只靠著自己猜想，是很難參透裡面的意思，所以要常去「聽經聞法」，這可不是叫你去聽人家誦經這麼簡單，而是去聽聞對於經書的講解開示，消除自己的困惑，增加自己對經書的瞭解，再來學習經文中所傳述的精神與教導的道理。

超薦法會中的誦經初體驗

從小我的體質就很敏感，只要一經過喪家或是遇上出殯隊伍就很容易生病身體不舒服，所以爸媽常說我們家裡的米，有一大部分都是給收驚的拿去吃，就知道我小時候有多難照顧了！因此這一次要來參加這場超薦法會，我的內心也是猶豫許久，第一是我本人非常害怕鬼、第二是明知道我碰上這種場合會讓身體不舒服、第三是怕爸媽擔心。

於是糾結了好幾個晚上之後，我終於下定決心要參加這場難得一見的大型超薦法會！

來到法會現場已經傍晚時分，天邊的夕陽被烏雲遮蓋了，所以沒有美麗的餘暉，剩下的是黃昏的淒涼，有種「漸漸日落西山去，勸君不用向前途」的感覺，這天氣真符合超薦法會啊！

我跟在七叔的身後慢慢地走進會場裡，環視四周一圈，發現桌上擺滿了許多紙紮人，這些紙紮人裡面有男有女、有老有少，有些穿著古代服飾、有些穿著現代服裝、有西裝洋裝等，第一次看到這個場景，心裡著實有些震驚。或許是剛下完雨的關係，一陣冷風吹了過來，我突然打了個冷顫！隨後不敢多做停留，趕緊離開這個現場，將我們的行李拿到禪房裡放。

我跟在七叔的身後走進禪房，趕緊將行李放置好後，七叔神情悠哉地坐在床邊，對著我說：「你要記得，很多事情是做中學、學中做，所以在法會中眼睛要放亮一點，認真看認真學。不懂的就問，我可是很忙沒時間逐一解釋給你聽。」

一聽到七叔這麼說，我趕緊提出了第一個問題：「哥，桌上擺了很多紙人，那些是什麼用意呀？」

七叔的表情有些驚訝地問：「什麼？有紙人嗎？我怎麼沒看到？你帶我去看。」

我在內心吶喊：「天呀！我剛剛就是越看越覺得詭異才想趕緊離開那裡，你明明就知道我在說什麼，為什麼還要叫我帶你看啊！」

七叔看我不為所動，他竟然馬上起身拉著我的手說：「走啊，還坐著幹嘛？等等還有很多事情要忙誒！」

七叔揪我一起去抽菸，我不疑有他的跟了上去！沒想到他竟然帶我到會場裡面，看著每一個栩栩如生的紙紮人，他隨手端起了一個遞給我，我小心翼翼地接了過來。

他說：「這個就是魂身！魂身就是讓亡魂可以附著在上面的紙紮人，由紙糊店依照亡者生前的形象用紙糊作成，你們那裡的喪葬文化應該都是用個牌位，所以這種魂身比較少見。」

七叔說完馬上拿了一本經書給我，告訴我：「你今晚的工作就是讀這一本經，知道嗎？」

我接過經書隨手翻了翻，發現這本經書沒有很多頁，我有些開心地說：「這簡單，沒幾頁等等就讀完了！」

七叔一改剛才正經的表情，有些賊笑地說：「我有可能給你那麼簡單的工作嗎？嘿嘿～」

聽到這句話，我感覺到事情沒有這麼簡單，有種不妙的預感在心裡蔓延開來，我故作鎮定地問：「蝦毀？！不就讀這本經書而已嗎？該不會你要叫我背起來吧？」

「這比背起來還要困難！你要讀懂這本經的意思，知道這本經是在表達什麼！然後你要想好如何用自己的想法與言語來轉述這部經的意思。」七叔說完準備起身離開。

我趕緊拉住他的手，著急地問：「就是我要有辦法翻譯給大家聽嗎？是這樣嗎？」

七叔笑著說：「沒錯！但不是翻譯給大家聽，而是翻譯給這些鬼魂們聽，祂們要聽得懂才有用，不然祂們會找你的嘿！」

「乾！真假啦！可以不要嗎？」我超無奈地說。

「你說呢？當然不行！趕緊開始讀經吧，不然你會讀不完的！還有你別想偷懶，因為這些亡魂都在會場裡面，祂們也會好奇你在幹嘛，所以會在你的四周看著你。」七叔說完話轉身離開，把我留在會場裡面。

會場裡只剩下幾盞微弱的日光燈，夜風徐徐吹來，讓陰森感瞬間增加不少，我又不敢四處亂看，深怕一個不小心看到不該看的那就完蛋了！所以只能乖乖地讀著手上的這本經書。

經書的名稱是《十大英雄講》，看標題很難跟超渡勸亡搭上關係，感覺比較像是一本武俠小說，翻開經文一看才知道這本經書主要是講述十位偉人的豐功偉業，不過最後依然無法脫離死亡，藉此來勸化這些亡靈們可以放下生前的執念。

我翻開經書默默地唸到：

第一釋迦梵皇宮，修行往到雪山中，
雪山六年修苦行，蓮花台上往西方。

第二至聖文宣王，傳教弟子滿西東，
天下文章為第一，可惜賢人也歸空。

第三富豪石崇公，堆金積玉好門風，
閻王不收他財寶，一筆鉤來也歸空。

天也空，地也空，人生渺茫在其中；
日也空，月也空，東升西沉為誰功；
田也空，屋也空，換了多少主人翁；
金也空，銀也空，死後何曾握手中；
妻也空，子也空，黃泉路上不相逢；

朝走西，暮走東，人生猶如採花蜂，
採得百花成蜜後，到頭辛苦一場空。

人生恰似一孤舟，朝朝暮暮水上遊，
孤舟破了堪修補，人生死了萬事休。

寒來暑往春復秋，夕陽天下水常流，

將軍戰馬今何在，寒衣野草滿地開。

自古英雄今何在，代代賢人亦歸空，

惟願天尊來拔度，拔度亡靈早超昇。

我讀了一遍又一遍，腦海裡浮現出這些聖賢偉人的事蹟，心情隨著經文低落哀戚，又讀誦了幾遍後，明瞭天尊垂示的用心與道理，心情就此釋懷，霎那間感覺這本經書讓我的心真實地回歸到寧靜上，這一切的妄念慾望、所想要與擁有的東西，包含自己的身體，其實在天地之間只是個過眼雲煙。

最後，我走回禪房休息，瞧見七叔還沒睡著。

七叔坐起身來約我去外面抽菸，我們來到禪房外的走廊上，七叔問我：

「讀經讀得怎麼樣了？」

我回答：「讀到心裡去了！這裡面講述了十位聖賢偉人，每個人生前都有功成名就的偉業，這裡面包含了我們大家都會追求的各種慾望，但是這些高成就者到頭來還是離不開死亡。這部經是在勸這些亡魂們，連那麼厲害的成功者都會死亡了，那何必執著於生前的一切呢？」

七叔抽著菸點頭表示認同。

我也抽著菸繼續說著：「我覺得這部經不單是在勸這些亡魂而已，也應該給我們這些活著的人看，大家總是追求著心裡不滿足的慾望，名、利、金錢、感情等等，這些始終也是空啊！那幹嘛為了個人的私欲爭得死去活來，唉！」

七叔聽完臉上笑著對我說：「不錯～不錯！」

將經書的真理實踐於日常

由於每個人對佛法「聞思修」的接受能力和行動能力不同，因而在領悟上有所差異。如禪宗六祖大師，在他偶然間聽到《金剛經》的霎那間，由心而生突然開竅領悟佛理的奧妙。我們雖然沒有辦法一聽經典就能馬上領悟其中的話，但只要靠著努力學習，多親近正法、深入經藏，在修持上一定會有收穫的。

若能將經書裡的精神與道理實踐到我們的日常生活中，無形之中就會將妙法傳播出來，自然而然就會接近大道正法，期許著我們可以與道合真。

行善，利己也利他

當你心中真誠地要增長他人幸福時，
你的心靈與個性就會變得更加慈悲。
而心靈修行的終極目標不只為了成就自己，
而是幫助更多的別人與眾生。

很多人對於行善這件事情，都只是一個概念而已，卻不知道該如何實踐執行。常常遇到很多人有問題前來求助於我，我總是會苦口婆心地規勸他們要廣行善事，為自己多累積一些福德。

不過大部分的人聽到要做善事，總認為要捐錢才是做善事，那麼行善不就變成有錢人的專利？貧困者又該如何行善積累福德呢？其實有很多善事是不需要花錢的，而且還能幫助到許多的眾生。

所以希望大家可以藉由這篇來討論如何行善，讓自己對於行善佈施這四個字，有更進一步的認識與知道如何實踐。

那要如何開始行善呢？其實要先有幾個觀念，這樣你在實踐上會更有方向。

先有辨別善惡之心

在心態的部分，要先擁有分辨善惡的認知觀念，也才知道什麼是善？什麼是惡？再來是相信因果循環的關係，明辨善惡、深信因果，知道種善因就能迎來善緣、修成善果，這兩個觀念缺一不可。

有了前提這兩個觀念之後，在生活中就能約束到自己的言行，擁有基本的自律。如果你一直保有著這份善良的心，讓自己的內心時時刻刻保持善良的這個想法，那你的言行舉止就會受到這個信念影響，無形中就會傾向於善的這一方面。

當我們有了基本的善心之外，我們還要學習如何維持這個善良的心念、學習如何讓善良的心更加茁壯，所以行善有了基本的善心是不夠的，還要再加入「孝心」、「慈悲心」。

百善孝為先

任何的善事都比不上孝順父母來得重要，所以行善一定要先以家中的父母長輩開始，進而尊師重道，孝敬我們的師長。

很多人行善時總是忽略了對於自家父母長輩的孝養，而一昧地往外追求行善，這樣就本末倒置了，若他沒有感恩的心，那如何談得上慈悲呢？

我曾聽聞過許多的故事，有的人加入了某些行善團體，他們總是四處奔波，出錢又出力地幫助別人，平時也去做志工照顧許多人，可是卻沒有善盡照顧父母的責任，將父母長輩放在家中，甚至父母生病了也不聞不問，那麼這種行善是真正的行善嗎？這是一個值得令人省思的問題。

孝順，在任何的宗教門派中都是重要的一個觀念與實踐的方向，我們道教裡面有玄天上帝報恩寶誥，佛教裡也有報恩經，這些都是在講述父母生養我們的辛苦與勞累，所以不論是在修行或行善，我們都要時刻感恩父母雙親，進而在日常生活中換我們來孝順他們，以報答這一份恩情。

而孝順的方法有幾種，第一我們要先孝養他們的身體，在玄天上帝報恩寶誥中有提到一句話：「憐我父母，日漸衰朽。」意思就是我們要知道父母的身體機能會漸漸地退化老去，我們要懂得把握時間孝順父母。

照顧好爸媽的身體，讓他們保有一個健康的身體，可以陪陪他們運動，鼓勵他們多吃些有益健康的食品，預防一些慢性疾病的養成。

第二就是孝養他們的心靈，讓他們的心情保持著愉悅開心，有時候爸媽們只是需要我們的陪伴，現在的生活總是繁忙、步調都很快，為了工作事業為了生活瑣事，相處上都少了那份陪伴與傾聽。我們有多久不曾靜靜地聽他們說話呢？或是有多久不曾跟他們分享我們的生活瑣事呢？其實在爸媽的眼中，我們永遠都是長不大的小孩，他們內心所期盼的，就如同我們讀書的時候，每天放學回家興高采烈的跟爸媽分享學校發生了什麼事情一樣；而爸媽也會很高興的回應我們，甚至也跟我們分享他們今天發生了什麼事情、經歷了什麼東西。

所以愉悅的心情，並不是能夠用物質可以來填充的，最主要還是來自於生活中的陪伴。

我曾聽聞有人每個月給予爸媽一筆龐大的孝親費，但是他卻對爸媽的生活毫不關心，他總認為拿錢給爸媽就是孝順的表現，在我看來這只是一種搪塞的藉口吧。

金錢雖然可以滿足生活上的物質需求，可是無法滿足心靈上的愉悅，也買不到家人間的那份親情陪伴，我認為人生中終極的需求並不是物質，而是心靈上的收穫。

慈悲就是菩提

慈悲，我們的內心需要保有仁慈與悲憫之心，進而幫助他人離開苦難，得到安樂。倘若心中沒有慈悲的善，只是虛善、偽善罷了！真正的慈悲，包含了同理心、博愛心、感恩心等等，不會在他人受苦之時，有事不關己的想法，更不會幸災樂禍。

慈悲，是自己的基本心態，也是我們外在的行為，而慈悲的外在行為有很多種方式，但心一樣是離不開慈悲。對孤老幼小的憐憫照顧、關懷幫助是慈悲，對錯誤過失的指正教導、懲前毖後是慈悲。

慈悲不僅是內心的一種心態，更要有智慧的支撐和正確的方法。

假如你是一位父親或母親，當孩子向你索取什麼的時候，你就盡可能的去滿足他的索取、慾望，不捨得讓他磨練學習或是讓他吃一點苦，這種「慈悲」，未來很有可能害了你的孩子，古早俚語是這麼說的：「寵豬舉灶，寵子不孝」。

當孩子向你索取的時候，你應該先去瞭解孩子的想法與行為，而不是予取予求，造成孩子貪得無厭的錯誤心態、間接造成未來的行為偏差，所以要對孩子心態給予正確的教育、對孩子無理的行為加以管束，培養他吃苦耐勞的能力，這才是「有智慧的慈悲」。

用行動力來展現慈悲

有了慈悲心，更要在每一個當下實踐，並非只是個心態或是說法而已。要有行動力來體現內心慈悲，「概念」與「經驗」有所不同，若你內心的慈悲讓你很想要去幫助別人，這只能說是個「概念」，不過當你真正地踏出第一步，用行動去幫助需要幫助的人們，最後你會因為這個行動得到了「經驗」。

為了讓大家可以從日常生活中學習與實踐，我專程在臉書上面寫了一篇

《有什麼善事是不用花錢的》，讓許多好友們一起討論分享。在這篇文章的留言中，看到很多人透過各種方式來展現內心的慈悲，捐血、捐發票、整理家中用不到的物資給予需要的人或團體、坐公車時禮讓座位給需要的人、在走路散步的時候撿撿路上的垃圾菸蒂等、打掃自家附近的道路與公共環境等、擦拭道路的反光鏡、參加各式各樣的志工服務他人、在生活中任何時刻協助需要幫忙的人（扶老人家過馬路、發生車禍幫忙報警叫救護車）等等的善舉。能做的善事種類太多太多了！但是我發現到了一個重點，就是自己要不要做而已？

曾經有人問我：「我很想做善事，可是我不知道該怎麼做？你可以告訴我如何行善嗎？」

「掃地啊！將你家裡內外打掃乾淨之後，去掃你家外面的馬路。」我非常認真的告訴他。

他一臉疑惑地說：「掃地？？掃完我家之後還要去掃外面的馬路？」

我問他：「行善就是利益他人，就是幫助自己以外的人，對嗎？」

他想了幾秒之後，回答我：「對啊！」

我接著對他說：「打掃你家是替你的家人分擔家事，你家裡的環境也會變得整潔乾淨，住的人也會舒適輕鬆，那這樣是不是幫助到你的家人，所以這也算是利益他人、利益你的家人！而打掃你家外面的馬路，馬路上就會變得乾淨，那麼是不是幫助到你們自己、左右鄰居、用路人們，所以是不是就幫助了更多的人？」

哪知道，他聽完之後卻告訴我說：「可是我不敢去掃外面的馬路，我怕被鄰居說話或是被鄰居投來異樣眼光。」

我很嚴肅地告訴他：「做善事簡單來說就是幫助別人，你連自己的家人都不幫了，還說什麼要去幫助你不認識的人！『你很想做善事』這只是個想法，你要付諸行動去實踐才對！不然你問再多也沒用。」

最後這個人還是沒有去做，所以我才會說行善的概念很多人都有！但是有了這個概念之後，卻往往不肯實際去做，那麼擁有這個概念有用嗎？沒有用。

行善也要有毅力

再來還有另一個問題就是毅力不夠，簡單來說就是三分鐘熱度！即使他有了行善的概念之後，也願意去實踐，但是無法維持這個行為，被自己的慾望、惰性、貪樂等等的心念給影響了，慢慢地放棄了原本的初心。所以有句話是這麼形容的：「發心容易恆心難」，當我們發了這個心要用行動去實踐，更要堅持住自己的本心，不論在任何的時刻與環境下，都要堅持住自己的心與行為，甚至遇到了挫折也不要輕易放棄。第一步其實可以先從自己開始，調理好自己的心態並思考著有哪些善行是比較好著手的，在繁忙的生活中安排時間去做，然後給自己制定個週期，如一週一天、一週兩天，循序漸進地做，慢慢地增加自己的信心。

例如：可以每個星期安排一天當環保志工，為社區打掃環境整潔；可以每個星期安排一天去擦拭路上的反光鏡；可以每個星期整理一次家裡用不到的物資並捐贈給需要的人。

在實踐時一定要告訴自己別著急，將事情做好才是最重要的，千萬不要好心卻壞了事，或是越幫越忙反而造成了別人的困擾。

實踐中，將注意力放在你的心上，察覺內心的觸動與變化，這都是寶貴的收穫，也是無形的回饋。

行善的時候，就是在修我們自己的福德、福報，過程中或許會出現阻礙，但別因此放棄了善心與善行，我們要思考如何化解阻礙，讓這個善事可以圓滿，一次又一次地調整改進，自然而然就為自己提升了能力、增加了智慧，這就是所謂的福慧雙修。

讓宿世善因結今世善果

最後你要知道行善佈施是我們修行的根基所在！我們有機會可以接觸正法

是件非常難得的事情，這都是來自於「宿有善緣」的關係，我們才能踏上這條修行、學道之路，當然這不是我說的，而是來自於道經裡面所記載的。

《玉皇宥罪錫福寶懺》中有提到：「願道根深重，宿有善緣。」《北斗經》中也有提到：「如是真君名號，不可得聞。凡有見聞，能持念者，皆道心深重，宿有善緣。」

這兩段話裡面都有說到「宿有善緣」，你可能會好奇什麼是宿有善緣呢？就是在宿世中你作了很多善事、累積了很多善功，這些都為你種下了善因，有了這個善因，所以這輩子才有這個善緣出現。

在《太上洞玄靈寶出家因緣經》說：「或先世放贖生命，救濟貧窮、囚徒老病，及諸鳥獸，盲聾六疾，一切眾生。

或先世救疾治病，活諸危苦已死之人。

或先世廣讀經論，講說教化，勸獎童蒙，令知善道。

或先世種植果林，道邊立井，造作舟梁，濟度一切。

或先世大設義田，施衣及食，饑寒病苦，蟲魚鳥獸，一切貧窮，皆令飽足。或先世建立義堂，愍念寒熱，施漿及火，救助行旅，使得安居。或先世所在發心，平等一相，廣化男女，勸助道場，立觀度人，寫經鑄像，授經傳戒，禮拜燒香，然燈念誦，布施懺悔，開悟群迷。或先世忠貞仁孝，助國興化，正直清廉，淳和良善，不損於物，安樂眾生。」

這裡講述了許多善事，由此可知這輩子能夠遇見正法、踏上修行就是來自於宿世的這些行善功德，給我們種下了善因，所以我們這輩子要更努力的行善佈施，讓宿世的善因成就今世的善果、功果。

很多人認為修行就是在神佛面前認真地誦經禮懺、努力地持咒打坐，以學習各種法術符咒為主，然後變成一位身穿道袍、起壇作法、降妖伏魔之類的道士、法師；或是成為一位可以讓神明降駕附身、為人指點迷津、消災解厄的乩童、靈媒。

我很常聽到說，當乩童為人消災解厄、指點迷津，最後下場淒涼；當法師為人驅邪趕鬼、降妖伏魔，最後不得善終；踏上修行誦經禮懺、持咒打坐，之後經濟狀況、家庭關係越來越差的這些例子不勝枚舉。為什麼會這樣呢？一個重要的原因就是善緣不夠，功德不足的關係。

我們在修行學法之人，要以行善佈施累積功德為主，不然擅用道法神通來為人指點迷津、消災解厄，可是會為自己招來災厄的。

因為你本身的功德不足就開始替人消災，這只是加速損耗掉你自身僅剩的功德，當功德都消耗殆盡時，禍就來臨了！什麼災厄、什麼苦難都會來臨，甚至連你想不到的倒楣事都會發生。

行善就像我們的存款一樣，平時我們要懂得規劃儲蓄，為自己、為父母、為子女多存一點起來，這樣要用的時候才有得用，才有能力去償還宿世來所積欠的無形債務。

行善積德，消災解厄

曾經有一位住在宜蘭的吳女士專程過來找我，那次她來找我的時候，神情相當的疲倦不堪，黑眼圈又加上超深的眼袋，情緒上非常地焦慮恐懼。我坐在宮外的椅子上滑著手機，她很倉促地走到我的面前，直盯著我看！看了好一會後開口問我說：「請問你是不是邱佑義先生？」

我抬起頭看了眼前這位女士，有禮貌的向她打招呼說：「您好，我就是。請問有什麼事情嗎？」

沒想到，這位女士突然拉住我的手，霎那間整個人跪在我的前面，她哭喊著：「邱先生，我拜託你救救我的女兒好不好？」

我被這個突如其來的舉動嚇到，整個人從椅子上跳了起來，連忙將這位女士攙扶起來，並安撫她說：「大姊，別這樣！有什麼事情好好說，千萬別這麼做，趕緊起來趕緊起來。」（其實當下我說話有點語無倫次，因為被她這麼一跪，我嚇了一大跳。）

緊接著拉了張椅子過來請她坐下說話，她坐下之後還是持續大哭，我轉身進去宮裡拿了包面紙給她。

這時我靜靜地坐在她的面前，沒有詢問任何事情，讓她平復一下心情。過了好一會後，她的心情有比較冷靜下來，她擦了擦眼淚深吸了一口氣後，說著：「我的女兒原本都好好的，但是在前幾天突然歇斯底里地鬼吼鬼叫，胡亂地摔東西，整個變成另一個人。我趕緊帶女兒去看醫生，不過藥效一過她就會發作，然後越來越嚴重還會咬自己的手臂，咬到整個手臂上滿滿的咬痕和鮮紅的血液，我真的不敢想像為什麼我的女兒會變成這樣。」

我問她：「妳女兒在這之前生活上有沒有什麼異樣？」

她從包包裡拿出手機點開她女兒的照片給我看，情緒激動地說：「你看她原本是一位活潑開朗的女孩，熱愛跳舞表演。所以醫生說她是抑鬱症，我根本不相信。

直到，我娘家的媽媽一知道後，馬上去醫院看我女兒，我媽看完之後跟我說可能是中邪了，叫我趕緊找人處理，不然我女兒怕連命都沒了！」

我認真地聽著她說，心裡難免替她感到不捨難過，為人父母總是為子女操勞，總是寧願自己受苦也捨不得子女受苦啊！隨後我問她：「那你為什麼會來找我？」

她伸手進去口袋裡似乎在找東西的樣子，掏了掏左右兩邊的口袋後似乎沒有找著，接著在包包裡翻了翻，終於拿出了一張皺皺的小紙條，她說：「就是曾經在電視上看到你的報導，但是一時之間卻想不起來你的名字，只好在YouTube重新找尋那則報導，沒想到前面幾則就讓我找到了，可是影片裡沒有你的資訊，我只好打電話到電視台問。一問到你的地址之後，我就趕緊開車過來找你了，希望你可以幫幫我救我的女兒。」這位女士說到一半時，忍不住情緒一來哭著求我幫忙。

我趕緊告訴她：「妳先把妳女兒的資料給我，我現在馬上查看看她的原因是怎麼了！」

一看發現到她的女兒是來自於因果索報！自身功德不足又遭逢業力來臨，導致現在的狀況產生，我語重心長地告訴這位吳女士：「原因就是他本身的功德不夠，現在業障來了導致問題產生，你回去要為她多做善事迴向，自然會有感應。」

吳女士聽到後，問我說：「邱先生，那我要怎麼做善事呢？可以拜託你給我個符嗎？看能不能趕緊救回我的女兒那種的。」

「做善事有很多種方式，為了妳女兒妳一定知道該怎麼去做，但是過程中一定要誠心的去做，不要塘塞便宜了事。還有一個重點，這件事情不要拖了，不然她的身心如果到時候被吞噬了，就很難處理。我已經給了妳一張符了！一張可以救回妳女兒的符！就是行善這張符，唯有行善方能解決這件事情。」

過了幾個月後，吳女士再次回來找我，這一回她帶了女兒一起過來拜拜。

吳女士滿臉開心地說：「感謝邱先生當時的幫忙，今天專程帶了我們宜蘭的名產過來答謝娘娘。」

我笑著問她說：「現在一切都好？」

她拉著女兒的手，非常欣慰地說：「很好！那天我在開車的時候，一直想著我要做什麼善事，想了很久也想了很多種，但是我卻不知道怎麼做，要扶老人家過馬路也要看有沒有遇到，要坐公車禮讓座位但是我又沒有在坐公車，所以當下是很困擾的。」

我問著她說：「那後來呢？妳做了哪些善事呢？」

她說：「我後來開車去醫院看我女兒，走進醫院大門就看到有好幾位穿著背心的志工在那裡，我心想著是不是娘娘知道我在煩惱該做什麼善事，所以才讓我看到這幾個志工。於是我趕緊過去詢問他們要如何參加志工，然後我就加入了志工在醫院裡面幫忙。」

「就真的是一個好因緣，牽引妳成為醫院志工來幫助他人。」我肯定著她的行為。

吳女士越說越開心，很有收穫地分享她在當志工時所遇見的事情與狀況，她這樣持之以恆地服務大眾，隨著日子一天又一天的過去，女兒也逐漸恢復正常。

由此可知，行善的力量是非常碩大的，可以實際地化解災厄！我們可以盡量為自己、為家人多存些福德資糧，倘若遇到冤親債主前來討債的時候，才有能力可以償還無形債務。

轟動一時的臥龍洞命案

這樁離奇的古道三屍命案，
死因竟導向與神秘儀式有關……
一念成佛一念成魔，即使嚮往修身求道，
若觀念不正確則有可能賠上性命……

要命的邪惡氣場

某天晚上，我獨自在書桌前靜修著，點了一支老惠安的沉香，搭配著南管音樂，靜靜地翻讀著《北斗經》，參悟著裡頭的奧妙與玄奇，這些文字活潑雀躍，一個接著一個跳進了我的腦海裡。

讀到一半的時候，放在一旁的手機響了起來，我拿起書籤放進經文裡，恭敬地闔上這本經書，拿起手機看看是誰打來的，原來是一位警界的朋友。

心想這麼晚了，應該是有什麼事情吧！我接起電話，馬上問說：「怎麼了啊？發生了什麼事情？」

電話的那頭，語氣有些痛苦的說著：「我現在人很不舒服，頭超痛的！已經痛到快要站不住了……」

我著急地說著：「你是還在值班嗎？趕緊去看醫生啊？如果不行的話，就叫個救護車。」

他好像非常痛苦，有些無力地說著：「我這個應該是中獎了！不是生理的那種……」

「你如何中獎的？你趕緊跟我說一下，我看如何處理。」

「嘔～」聽到了一聲反胃的作嘔聲，過了一下子，他接著說：「我去了一個地方，還沒踏進去之前，就感覺有個東西在靠近我，然後我就跑去旁邊吐了。」

「所以是還沒進去就已經感覺到有東西靠近你，然後你就跑去吐了？是這樣嗎？」

「沒錯！」

「那你後來有進去那個地方嗎？」

「有啊，但是我一進去之後整個頭莫名其妙地爆痛的！整顆頭快要爆炸那樣，進去沒多久就受不了，我趕緊跑出來外面，然後就一直頭痛想吐。」

「那我跟你說，你看現在能不能請假，馬上過來我這裡，你這個不能拖。」

「這樣會不會打擾你，已經這麼晚了誒！」

我看了一下手機螢幕，當下的時間已經是凌晨一點初，我告訴他說：「身體要緊！你看能不能請人載你過來，這樣我也比較放心。」

「好，我趕緊安排一下，馬上過去找你。真的很不好意思。」

掛掉電話之後，我趕緊打開宮門，點香稟告恩主這件事情的始末，並召請五營神兵前來守衛壇界，隨後我舀了幾勺檀香粉放入淨香爐中點燃，香煙裊裊地飄盪在四周，彷彿神兵護法已經降臨在我身旁，與我一起準備面對這場硬仗。

我習慣性地盤起雙腿坐在大板凳上面，靜靜地持誦咒語，唸著唸著，就看到了一台銀色的轎車緩緩地停了下來，我那位警界的朋友拖著痛苦的身軀，腳步非常緩慢地往宮裡走了進來。

此時，他的身上纏著一股氣！一股可以吞噬他人魂魄、奪人性命的邪氣！而這一股邪氣裡面充滿了許多的邪靈惡鬼，跟著他試圖一起進來到宮內，但被我們的結界給阻擋下來。我瞧見這股邪氣有一部份是來自於這些邪靈惡鬼所聚集而成的，另一部份就是日積月累的邪念、邪見的能量聚集而成。這些邪靈惡鬼們，不像一般青面獠牙、五官兇狠的惡鬼，這一群充滿了詭異氣氛，有的披頭散髮、有的身著道袍、有的身披袈裟，都是有著修行外表的鬼靈，但是這些惡鬼們散發著邪惡的氣場。

乍看之下，這些彷彿生前都是修行人，不過他們生前所修的卻不是正法，所以導致死後被生前執念束縛，一直沉迷在這個魔境之內。

我感覺到這股氣一直想要衝破宮內結界，當然這些邪靈惡鬼們也是如此！當下我默默地唸動神咒：「…口吐猛火，流金火鈴。雷風電雨，刀劍紛紜。神通護衛，家宅繁榮。魔無干犯，鬼絕妖精…」猶如雷響撼動大地一個波動出來，將這股邪氣與邪靈們擊退。

不料，這一波攻擊反而讓這些邪靈們更加躁動憤怒！紛紛運用起靈力一次又一次地衝向結界，祂們開始顯露出要將你生吞活剝的兇狠氣場，於是我連忙召請護法神將神兵前來，鎮壓這些邪靈惡鬼們。這個時候我又打起手印，祈請恩主仙法扶持並再次唸動咒語，隨後手印朝著那些邪靈甩去，霎那間，這些試圖造次的邪靈們才消散而去。

我深吸了一口氣，緩慢地吐出！將剛才運用的法力做個收尾，把能量統整收回。（就像我們做體操那樣，結束時也要收操。）

不過，已經有一部份依附在他體內的邪氣，還是隨著他的身軀一起進入到宮裡，這部份就要運用另一個方法來為他驅邪輔正。

一看到他，我不改以往的語氣，笑著對他說：「恭喜～」

他臉色非常蒼白，有氣無力地說著：「是要恭喜什麼啦！我整個人很不舒服……」

「恭喜你不只是中獎而已，還是中了個大獎！」

他聽到我的話後，超級無奈地說著：「你趕緊幫我處理一下啦～我快撐不住了啦～」

「你現在將鞋子脫掉！雙手持香站在神桌前面。」我站在他的前面，閉目集思唸動密咒，霎那間～變神幻現，毫光圍繞，身披戰甲，金睛朱髮，鳳嘴銀牙。

我隨之行法將他體內邪氣驅出，不料，殘留在他身上的這股邪氣非常強大，幾經波折之後，才將邪氣給驅逐乾淨。邪氣驅離之後，我馬上使以天地精氣送入他的體中固本培元，不然遭受了這股邪氣的影響，此時他體內的氣場已經非常耗弱了。

行法結束之後，他馬上跑到外面的水溝狂吐，吐的比喝醉還要嚴重許多，我遞了杯水給他，請他慢慢喝下，喝完之後他說著：「整個人輕鬆起來了！剛才那個感覺比莫德納第二劑的副作用還要嚴重，不是被大卡車撞到的感覺，是被高鐵撞到了吧！」

接著我請了一張驅邪斬煞符給他，囑附他說：「你這幾天一定要將這張符戴在身上，符不離身喔！這是召請了一位神將守護你，預防邪氣回頭反撲！」

他一臉驚訝地問說：「邪氣還會回頭反撲啊？！那反撲的話，我要怎麼辦啊？」

「所以才叫你一定要戴在身上，當邪氣再次來臨時，這位神將會將邪氣驅逐掉，並守衛著你的安全。」

「這樣我就安心了！」

後來我們兩個人走到宮外，坐在椅子上聊天著，我問他說：「你是去哪裡！怎麼招惹了這種邪氣？」

他很好奇地問：「這種邪氣很恐怖嗎？」

我說：「非常！這種可是會吞噬他人魂魄、奪人性命的邪氣、魔氣。」

「就是剛剛發現了一場離奇命案，在埔里的一處山區內，有人上吊身亡！而且死狀非常詭異，嘴巴還叼著香菸呢！他們是三個人一起進入山區的，現在一個人上吊身亡，另外兩個人目前失聯，正在找尋這兩個人的下落。而另外那兩個人因為租屋在我的轄區內，所以我要陪同埔里的同事前往採證，然後我就中獎了！」

我非常嚴肅地說：「這不是一般的案件！如果不出意外的話，我想這兩個人也已經不在了！」

「什麼？你的意思是說這兩個人已經過世了？」我那位警界的朋友，用不敢置信地表情問我。

我接著說：「應該啦！因為這是有股來自於別的空間的力量影響。」

「難怪我一到現場的時候，就覺得有個東西在靠近我。」

「這就是我說的那個氣的關係。」

我們坐在宮外閒聊沒多久之後，他看了一下手機，發現已經凌晨兩點多，連忙站起身來說著：「這麼晚了，我趕緊回去休息，真的很不好意思！還來打擾你。」

「好的，你要記得哦！這張符一定要時時戴在身上。」

修行首重觀念正確

過沒幾天之後，那位警界朋友傳來了一則新聞連結，我點開連結一看，是這椿命案的相關報導，內文有寫到同行的那兩個人也同樣上吊身亡。

我回了個訊息：「你看！跟我說的一樣吧？」

他回：「待會我下班上去找你，方便嗎？」

我回：「方便。」

這一次看到他來，整個人神清氣爽，走路有風！眼神不像前幾天那樣空洞無神，現在可是炯炯有神，這才是正常的他嘛！

他問說：「前幾天就很想問你說，那個邪氣到底是什麼？可是身體有點不舒服，又想說那麼晚了，不好意思打擾你。」

「你有聽過一句話『一念成佛一念成魔』嗎？」

「有啊！這句話跟那個有什麼關係呢？」

「有哦！這是很大的關係！因為他們就是在修煉的時候，出現了差錯才導致這個問題產生。」

「難怪！當時我去那個地方，看到他們租的房子外面擺了許多奇怪的擺設與旗子，裡面的東西更是非常非常的詭異，我也說不出來那種感覺。」

我拿出口袋裡的香菸抽著，心情有些沉重地說：「《北斗經》裡面有說到，『正法難遇。多迷真道。多入邪宗。多種罪根。』這段話的意思為要接觸到正法是很難得的一件事情，很多人無緣可以接觸到正法，但是心裡卻沉迷在這些神通與異於常人的能力上，無形之中就很容易產生邪見、進入到邪境中，而這些人是很難察覺到自己已經身陷邪境，在心態觀念與言行舉止等無形之中已造就了很多不對的事情，種下了罪根。

就像這樁案件那樣，我相信他們一開始是對信仰有著濃厚的興趣與熱愛，但是卻沒有道根、善緣可以讓他們接觸到正法，所以錯把一些似是而非的觀念當成正知，然後一步錯、步步錯，逐漸走上了這條不歸路。」

他也抽著菸說著：「難怪在一些蛛絲馬跡上面，他們有提及『殉道』的字眼。」

我吸了口菸，隨後說著：「對啊！一般人都嘛知道，如果有說到『以身殉道』的信仰，那就是已經偏差了！更別說任何的宗教。所以在一開始的觀念上是非常的重要，觀念對了後面才有辨別的能力，知道什麼該做什麼不該做。」

我又接著繼續說：「其實這種案例從古至今是層出不窮，有很多打坐、唸經、拜佛、朝山等修行者走火入魔，原因其實很簡單，就是觀念不正確、方法不正確，才導致他們在修道的過程中走偏。『水能載舟亦能覆舟』，每一種正確的修行方式都很好，是可以利益自己和利益他人。但是相對的，如果沉迷在其中或是奢求著某種能力與目的，就非常有可能引火自焚，損害自己也損害他人。」

我這位朋友很有慧根與神緣，他問我說：「照你說的每一種修行方式都很好，那要如何知道自己適合哪一種呢？」

我笑著回答：「其實這個跟我們讀書一樣，我們是不是到了要進入高中的時候，會選擇是要讀高中還高職，然後選擇主要是讀哪一個科對不對？修行其實也是一樣，要先從幼兒園開始讀嘛！到了國中，再來選擇自己要往哪個方向。不然你現在問一個幼兒園的小孩，問他以後要讀高中還是高職、要讀商科還是廣告設計科，他哪說的出來！說了未來也不一定適合他。」

警界朋友聽到這裡，臉上露出了一抹微笑說：「是不是像『七祖仙師』曾經開示的那樣，需知有捨有得！凡事要先去做、先耕耘，而不是先假設一大堆問題，到頭來還是在原地。」

「就是這樣！先從基本的開始學習、開始修行。最後就是，修行路上沒有捷徑，只有勤奮地學習與實踐。」

第三章

神奇救度眾生

近幾年在疫情肆虐之下，每個人的生活都遭受到大幅度的改變，原以為可預測的未來忽然變得遙不可及，而這一場全球災難也導致許多人因此陷入困境之中。

對於未知及生命健康威脅的恐懼，很容易讓人失去方向與希望，若心中能抱有一點堅定的信念與信仰，就會是陪伴你、支持你度過黑暗的指引之光……

收驚，安定魂魄與身心

我們很常在任何時刻中不經意受到驚嚇，然後心裡面開始會覺得怪怪的、毛毛的、心有餘悸的那種感覺，若能透過儀式來消除掉內心的不安、安定我們的心神、幫助身體的健康恢復，何嘗不是一件善事？

原來嚇到真的會魂飛魄散

只要騎著機車在路上，很常會發現上面寫著「收驚」兩個字的招牌，有的是民宅、有的是擇日館、有的是宮廟神壇、甚至是佛寺精舍也有提供這一項服務。收驚在日常生活中真的有多麼重要、以至於隨處可見？！話說收驚到底是什麼呢？這應該是很多人的共同問題。

由於我們體內有三魂七魄的存在，平時魂魄與身體是穩定結合在一起的，因此我們的身體和精神才得以正常運作。當我們受驚嚇的時候，造成體內的三魂七魄受到影響，導致魂魄飛了出去、暫時離開身體，這樣就會影響到我們的身心靈（身體、心靈、精神）。

我很常拿打火機來做比喻，體內的三魂七魄就如同火焰那樣，原本在沒有風的狀態之下，它是很平穩不會搖晃的，突然間受到風吹開始搖晃，火焰就會顯得不穩定，這樣就會出現了狀況。有很多小孩非常容易受到驚嚇而產生一些狀況，常見的即是小孩在白天時活力充沛、電量十足，整個超活潑的，一旦到了晚上睡覺時，就會開始做惡夢、或喃喃自語地說起夢話，這就是台語說的「陷眠」。嚴重一點的還會睡到一半時猛然驚醒，接著大哭大鬧怎麼哄都很難安撫，時間一久，小孩的精神狀況開始會顯得疲倦、生活作息顛倒、胃口不好食慾不振，甚至還會引起身體上的疾病，如發燒、嘔吐、腹瀉等等。

不過也不是只有小孩子才會驚嚇到，大人也會，大人如果莫名心神不安、情緒起伏變大、晚上睡不好覺、白天又精神不濟、連吃飯都沒有什麼胃口，我們屏除身體疾病來說，這都很有可能是去「驚著」。有去「拍著驚」的人只要去收驚，這些症狀竟然一收即癒，這樣是不是很神奇！收驚可以使人的身心安定下來，心裡不再恐慌害怕，飲食和睡眠逐漸回歸正常，身體上的病也會因為心情的愉悅、精神的安定而獲得幫助進而痊癒。

若精神能穩定不害怕、心情平靜，由於精神大半和生理有關，所以生理的病也會因為精神上的改善而痊癒。

民間常見的收驚法

我常說到自己從小就是一位毛病很多的孩子，時不時就會受驚，因此爸媽常常帶我去收驚，或是拿著我的衣服和米過去收驚，因此在收驚上我可以說是經驗豐富，直到我當了神職人員後，被我收驚過的人也是不在少數。

兒時的我就對這種法術有著莫名的興趣，所以每當爸媽帶我去收驚的時候，我都會用心地觀看廟裡是如何為我收驚的。

當時爸媽很常去一間已傳承好幾代的收驚館，帶著我的一件上衣和家中的一碗米，將米平鋪在盤子上面，再放上我的衣服，最後上面用金紙壓著我的生辰八字，等拜好之後將香插在金紙上面，再放個兩天就拿衣服回去囉！拿衣服的同時，收驚的阿婆會叫我用手抓三小搓米放在桌上，並用筆去撥動白米數看看有幾顆，然後從古老的抽屜裡拿出一個小本子，翻了翻之後就告訴爸媽，我到底去哪裡驚嚇到、沖犯到什麼，然後可以依照不同的原因來處理，例如：沖犯到土煞就到施工處撿幾顆小石頭，配合著符水來淨身；沖犯到過路遊魂，就要準備簡單的飯菜，朝著那個方位祭拜。

這種收驚儀式就是請神明做主收驚，然後用米卦占卜的方式來找出原因所在，原本我以為這是單純用易經來查看，後來在一個因緣際會之下得到一位老前輩的相授，給了我這本秘笈，這本書中一樣有著六十四卦，但是每一卦的內容卻是記載著當事人沖犯到什麼、會造成什麼症狀，以及要如何化解的方法。

除了看米卦，我還曾給另一位阿婆收過驚，她的方式是還會用我的上衣包著一碗米，並拿著這碗米在我的身前身後來回揮動著，嘴巴裡念著：「鼠驚～無驚、牛驚～無驚、虎驚～無驚、兔驚～無驚、龍驚～無驚、蛇驚～無驚、馬驚～無驚、羊驚～無驚、猴驚～無驚、雞驚～無驚、狗驚～無驚、豬驚～無驚，十二生肖攏無驚……」最後抓著這個「魂米衫」在我的頭上、雙肩、胸口、背後，像蓋印章那樣蓋幾下，再將我的衣服掀開，仔細看看米的排列上有沒有浮現出什麼。

這位阿婆的收驚法是使用十二生肖法來為人收驚、魂米杉來為人安魂，收驚完會將衣服掀開，看著碗裡面的米，就能看出問題的所在，這個儀式我們稱為「看米碗」，而看米碗的法術在民間信仰中很常見，不過因為願意學的人越來越少、也逐漸失傳中，滿可惜的。

後來這位阿婆年事已高，所以很久沒為人收驚了。有一次我專程去找這位「收驚婆」看看她老人家過得如何，阿婆跟我分享到她的收驚術是來自於婆婆的教導，已經傳了好幾代，都是傳給長媳，可惜的是她的媳婦並沒有要學習這些功夫。

阿婆還說當時她靠著收驚養大五個小孩，來找她收驚的人很多，白米家裡也吃不完，就將多餘的白米分送給鄰近貧困的人們，也資助了許多的家庭（當時農業社會，白米是很珍貴的東西，我爸說他們小時候煮番薯籤飯，整鍋裡面都是番薯籤，根本沒有什麼米粒。）

由於阿婆的這些善舉，為她自己累積了許多善功，有了善功的相輔，其收驚的法力就更加高強了，靈驗度也大幅提升！所以這就是我一直強調的部分，修行不能沒有行善支撐。

在收驚過程中，不時也會使用香、令旗、法器等等道具，透過手中拿著香或法器、口中念誦著請神咒或收驚咒，規律地在人的前後揮動，藉由咒語的驅動來為人收驚安神。例如收驚很出名的行天宮的師姐、師姑們，都是手拿清香、口中唸誦咒語；我所承襲的法派裡，則是一手持金鞭聖者、一手持著帝鐘，唸動請神咒請其本師、祖師、神明前來為人收驚安魂定魄。

而有些宮廟的收驚法都是用「魂米衫」的收驚法，以盤子裝白米，上面放置一件受驚人的上衣，衣服上面放著生辰八字和金紙，點香向神明稟告基本資料之後，請神明做主來收驚。等衣服放個一兩天之後，再擲筊請示神明收好了沒有，如果神明應允了，就可以將衣服收回去穿，還沒的話就要繼續延香（就是插在金紙上面的香燃過了之後，要再重新點香插上去。）

我曾聽過很多人說，他們自己在家中放魂米衫收驚，流程就是學習有些宮廟使用的那種方法。儘管在家裡收驚也是有用，不過有個前提是平時就要虔誠禮敬、廣修供養神佛、自己要常行善佈施，這樣效果會比較好一點，不然我們民宅所供奉的香火與宮廟相較之下是比較少，所以效果上就會比較薄弱。倘若是比較嚴重的就沒有辦法居家收驚處理，還是建議尋求專業的收驚為佳。

也有很多人問過我，如果家人驚嚇到的時候可不可以念個什麼收驚咒、金光咒、大悲咒、心經等等來幫家人收驚啊？其實咒語的取得並不難，現在科技資訊發達，隨便在網路上搜尋一下關鍵字就會跑出一大堆，但是照著上面的文字下去唸有沒有用呢？其實見仁見智。

雖說收驚是一種很常見的法術，但是裡頭也包含了許多的學問與功夫，是需要經由學習與努力修持的，不然光是唸動請神咒，神明就會蒞臨嗎？簡單來說，這就像是你想要一把青菜，可是你只有種子、卻沒有栽種耕耘，那青菜在哪裡呢？任何的事情都是先要有努力的學習。

誠心念咒也能為人收驚

我曾見過一位信奉佛教的阿婆，她在廳堂裡供奉了一尊觀世音菩薩，據阿婆所說：「有一天晚上她夢到觀音菩薩，菩薩叫她要為人收驚。」阿婆說她根本不會收驚的法術，於是她在夢中就直接回絕了菩薩。不過菩薩沒有就此放過她，繼續說：「你只要每天持誦六字大明咒，每天不論什麼時間都要持誦！時間一到我就會來教導你。」

阿婆說她夢醒之後，還跑去觀世音菩薩前面擲筊確認是不是真的，沒想到連續得了好幾個聖筊，阿婆心想竟然菩薩都來找她了，那她要遵照著菩薩的旨意去做，她就每天唸六字大明咒，工作時也唸、煮飯時也唸、唸了大概兩年左右才又夢到了菩薩。

阿婆說在這兩年裡面，她很多次懷疑自己是不是亂夢的，怎麼唸了那麼久都沒有夢到菩薩呢？也有很多次想要放棄了，但是她想了想又覺得自己已經唸那麼多了，突然放棄也很可惜，所以她就一直唸到菩薩再次來夢中顯化。

後來菩薩告訴她說，要幫人收驚之前，先點香默念大明咒六遍，觀音菩薩就會來幫她收驚，再拿著香於當事人的身體前後上下、以順時鐘的方向做淨化，邊用邊念著六字大明咒，這樣就可以了！

一開始她也不相信這樣就可以幫人收驚，剛好有一次家人公祭回來身體不舒服，她照著菩薩的指示去做，家人收驚完身體竟然就恢復了，於是阿婆就開始了幫人收驚的服務。

這位阿婆並沒有背過很多的咒語，但是她很虔誠很努力地修持六字大明咒，兩年的時間裡都每天持誦，不論在何時何地都心存恭敬地持誦，無形之中阿婆積累了多少的功德力與能量，可不是一般人可以比的。

所以重點是在努力修持，天下沒有不勞而獲的事情，給你再多的咒語與方法，不肯修練也沒有用！道法之利益，得之在勤，失之在墮，這句話是永恆不變的真裡，與各位共勉之。

九天玄女的收驚法

最後跟大家分享一下我的收驚法，曾來宮裡收驚的人一定非常有印象，我是一手拿著清香、一手拿著九天玄女的黑令旗，收驚前我會先恭請九天玄女作主，配合著請神咒與收驚咒來為人收驚，令旗就是代表著九天玄女的號令，可以調動神兵來為當事人察看是哪裡出現問題，倘若是魂不守舍的話，就馬上幫他收回魂魄安神，九天玄女娘娘的令旗是黑色，黑色在五行中屬於水，更以此來清洗化解煞氣與穢氣。

我對每個人的狀況不同，會配合不同的處理方式，有時會請出九天玄女的寶印，在當事人的額頭上與頸後蓋印，並祈請九天玄女娘娘賜予神光加持，補充滿滿的能量進去；有再更嚴重一點的，還要拿出替身為他解除煞氣、災厄等，如果是元辰黯淡者，就需要幫他點盞燈、幫助他的元辰光明。

居家可施作的簡易收驚法

先用一個盤子裝白米，上面放置一件受驚人的上衣，衣服上面放著生辰八字和金紙，點香向九天玄女稟告基本資料，祈請九天玄女做主收驚，然後持誦著《九天玄女護身咒》至少十二遍，再把香插在金紙上面（一定要注意安全。）

待香整根燒完之後，再次點香稟告、祈請、持誦，基本要經過三道香（就是三個循環）才算完成。若情況嚴重者，則是先持誦《護身咒》再持誦《辟邪咒》，次數也要隨之倍數增加，三道香過後將香腳和金紙拿去燒，衣服給當事人穿，米就煮來吃平安。

如果家中有供奉九天玄女的神像或令旗者更方便，在供奉的時候一定要虔誠供養（不要想到才去拜或是有事才去拜），每天基本的早晚供奉上香，禮敬九天玄女的神像或令旗，然後有空就多持誦《九天玄女護身咒》與《九天玄女辟邪咒》，持誦的次數是積累越多越好，能量也是相對增加的。

黑令旗，地府版的支付命令

大部分的人
認為鬼魂只要擁有這支黑令旗，
就可以在陽世間暢行無阻，任何的神佛都無法阻擋和干擾，
直到鬼魂順利報仇索命為止。
這說法反而讓很多居心叵測、心懷不軌的人，
拿來成為敲詐他人以滿足自己私心與利益的工具……。

地府冥司頒發給鬼魂的這支「黑令旗」，就像是我們陽世間的「支付命令」，簡單說，就是債權人利用法律，請法院催促債務人趕緊還錢的意思。

例如：小王向小陳借了很多錢並簽下借條或票據等文件，但之後小王卻沒

有主動償還金錢還一直拖欠著，那麼小陳就可以到法院申請「支付命令」，讓法院來催促小王趕緊還錢。

倘若小王如果一直不為所動，在二十天內如果沒有向法院提出異議，那麼小陳就可以接著向法院申請「強制執行」，來跟小王求償他所欠的債務和聲請支付命令的費用。

看到這裡的時候，大家是不是會思考到「黑令旗」是否也擁有強制執行的權力呢？這就像我們陽世間一樣，若債務人一直遲不償還，也是需要先向法院（地府）聲請，再透過法院（地府）的公權力去強制執行，只靠我們一般人或鬼魂並沒有辦法私下自行強制執行的，因為有其法律規範。相對的，地府冥司也是如此運作，所以冤魂並不是取得了黑令旗，就可以肆意妄為。

一團黑影向女學生討債

回想起多年前，有一位年約十八九歲、外型亮麗的女學生，她們一家人過來拜拜，參拜完他們一家人坐在宮外休息，這位女學生卻一直看向遠處的巷口，不知道是在看什麼東西。

她爸媽憂心忡忡地問我說：「我的女兒最近好像變了一個人，整個人很不對勁！」

我看了這位女孩一眼，當下並沒有發現到任何的異樣，所以我向這對夫妻說：「等等我先幫她收驚，看看原因到底是出在哪裡？」

照著往例，我請出九天玄女的令旗，左手持香右手持令，嘴裡唸動著請神咒，恭請恩主們降臨，內心隨著咒語逐漸寧靜下來，讓心恰似明鏡台那樣，試圖看見這位女孩的問題所在。結果這女孩猛然尖叫了一聲！五官霎那間變得十分猙獰，雙手握拳緊繃，全身因為出力的關係開始瘋狂顫抖。她爸媽見狀趕緊衝到她的身旁，緊緊地抱住她，深怕她做出任何的舉動，傷害了自己或傷害了別人。

我平靜地告訴這對夫妻說：「別太用力～顧著她就好了！」一般收驚時，我都習慣站在當事者的側邊，這次狀況不同，我走到這女孩的面前，唸動真言「太上延生，胎光爽靈，辟除陰鬼，保於陽結……急急如九天玄女律令敕」，隨即將九天玄女的令旗往她頭上一蓋！一個黑影從這位女孩的身後彈了出去，重重地摔了一跤，這位女孩也隨著癱軟下來，但沒幾秒的時間，這個黑影快速地又往女孩的方向衝了過來，試圖再次衝進女孩的身體裡。

我馬上將娘娘的令旗擋在女孩的背後，當時我持著令旗的右手，就好像接了顆高速躲避球般，雖然球接住了，但是反作用力也是不低，突然一股明顯的刺痛感從手掌蔓延開來，幾乎整隻手到肩膀都在痛。同時我真實地感應到這並非是普通的卡到陰事件！這個黑影是帶著東西來的，帶了一個類似地府的「支付命令」來的，就是所謂的「黑令旗」。此時心裡不敢置信，沒想到這種事情竟然被我遇上了！我深知地府冥司的「黑令旗」是涉及著因緣果報，不是輕易就可以解決的！畢竟債主已經找上門來討債了，要如何化解掉這個狀況才是重點。

於是，我告訴這對夫妻情況不是很樂觀，問題有點棘手！今天我已經先暫時化解了當下的危險，不過我希望他們三天後再過來處理一次會比較好。

那天夜晚，靜坐中我試著將手臂裡看不見的傷給醫好，嘗試了幾次都沒有見效，於是恭請九天玄女娘娘幫忙，我唸著「九天九天，上古真仙，誠心恭請，速降凡塵，速降真炁，護吾身形……」，讓心神專注在每一字每一句，咒音的能量逐漸凝聚成力量，緩慢地在手臂內流暢，我很明顯地感受到手臂就像是被抹了藥膏般開始產生灼熱感，然後從肩膀慢慢地往下，似乎有雙無形的手正在撥開我手臂的經絡。我的右手掌隨著能量的流動，一開一合地動作著，在最後能量已經累積在掌心內的時候，我握緊拳頭、再猛然將手掌攤開，藉著那股能量使我創傷的陰氣完全推出體外。

雖然我身體受到的創傷已經好了，但是如果沒有教這位女孩如何化解，她還是會持續受到干擾與傷害的。

此時我的腦海中浮現出了這段偈語：

靜坐中，入虛空，得見地藏現金容
解冤結，消冤業，滅除定業皆得解

我隨著此偈進入其中，在虛空裡，「地藏王菩薩」示現，感應到菩薩的指示，我靜坐完畢即起身叩謝神恩。

遇支付命令，以行善還債

三日後，這對夫妻再次帶著女孩前來。

「我女兒這幾天都沒有發作，生活也比較正常一些了。想說上回您說最好三天後再回來處理，所以今天又來麻煩您。」

這一次的收驚儀式裡，我只拿著三炷清香站在女孩的身後，觀想著「地藏王菩薩」大放毫光照映，心口一致念誦著《地藏王菩薩滅定業真言》，這每一個字、每一個音，都化成了每一股的能量，聚集在女孩的身中體內，慢慢地由內往外擴散，以地藏王菩薩的大願力為女孩消除些冤業果報。儀式完成後，我告訴這對夫妻說：「你們有聽過支付命令嗎？」

「有的，就是去法院聲請來讓人償還債務的。」

「嗯，沒錯。現在妳女兒也是遇到了同樣的問題，有無形的去聲請支付命令過來向妳女兒討債。」

「這是不是人家說的那種索命的黑令旗？」

這對夫妻一聽到「黑令旗」三個字的時候，整個臉都垮了下來，深怕自己心愛的女兒被冤魂討命。

「可以這麼說，就是人家說的那種黑令旗，但沒有像人家說的那麼恐怖。」我安撫著他們的情緒。

「那現在我們該怎麼做呢？」

「其實黑令旗就像我們去法院聲請的支付命令，用來督促人家趕緊還債的，可以聲請強制執行的概念。現在人家來討債了，我們要釋出善意來償還債務，不要逃避或是不處理，這樣問題只會越來越嚴重而已。」兩夫妻非常認真地聽，我接著說：「還債可以分成兩種：主動償還與被動償還，我們不知道累世以來造就了多少的冤業罪孽，所以平時要常懺悔、廣行善、多迴向，主動地償還冤業冤債。一開始我們不知宿世輪迴、不信因果報應，所以平時沒有做到懺悔、行善、迴向的主動償還，直到遇上冤親債主前來討債時，就容易受到這個業力的影響甚至造成傷害。」

「不過，這個時候更要在不可行的情況下，行可行之事！為什麼是說不可行的情況下呢？因為業力已來臨，這是因果所注定、且無法改變的。行可行之事就是說，雖然我們無法改變這個業障，但可以藉由善功迴向、經咒迴向，來化解或降低業障的影響與傷害。」

兩夫妻問：「那現在我們是不是要為女兒多做些善事？」

「對，沒錯！可是這個善事並不是你用她的名義去捐錢就好哦，你們要帶她一起去做才有用，然後引導她念誦《地藏王菩薩滅定業真言》，最好每天都做、每天都唸，這樣才能早點解除這個冤結業障。」

「那請問一天念幾次呢？」

「越多越好！專心地唸、誠心地唸、恭敬地唸、懺悔地唸。以及還有一個重點，千萬不要結了痂就忘了痛，這樣會很危險的。因為很多人只要看到好轉之後，就會鬆懈下來開始懶惰不再去做，通常這個時候危險和意外就來了，到時會後悔莫及的。」

「那我可以問一下，來找我女兒的這個冤親債主或是冤魂，祂跟我女兒到底是有什麼因緣呢？」

「一定是有著因果淵源所以他們才會碰上，但是他們之間有什麼故事，我是覺得不用去瞭解，因為當你們知道了那些故事又能如何呢？重點是要妥善解決問題才重要。」

因果業報無可改變，但今世命運操之在己

現在外面有許多居心叵測的人很常用「冤親債主」、「索命黑令旗」等名詞，編造出許多精彩離奇的故事，講得越生動就越吸引人上鉤，藉由操弄他人的未知恐懼，來伺機敲詐與坑蒙拐騙他人，以賺取錢財或是滿足自己的私慾。但儘管知道了前世遭遇了什麼樣的處境、聽再多故事，都不是我們這一世所能改變的，未免讓人有機會拿這些繪聲繪影來向我們索討金錢與情感，我們只要記得，面對因果業報，唯有誠心懺悔、行善積福，方能消除業障、為往後人生開新局面。

假借令旗名，行敲詐之實

我曾遇過一對遠從宜蘭來的年輕夫妻，穿著非常時尚、外型亮眼，談吐也相當有涵養，當他們兩位一見到我時，很有禮貌地問我說：「老師您好！非常不好意思，冒昧過來打擾您了。」

「很歡迎您們的蒞臨。」我拿了瓶水給他們，請他們坐著聊。

倆夫妻坐在椅子上彼此小聲談論了一番後，小姐輕輕地點了個頭向我示意，隨即說著：「老師，我們是從宜蘭過來的，有件事情想要來請示您。」

「哇，宜蘭誒！來到我們這裡有一段距離，你們辛苦了。請問是什麼事情呢？」

小姐說：「就是我們夫妻不知道為什麼，做什麼事情都非常不順，總覺得有無形的阻礙。」

先生在一旁補充說：「我們有去附近的宮壇請示，那位師姐說我們兩個被冤魂纏身，對方有去地府領黑令旗上來，專程要來找我們報仇討命的。現在的不順只是一開始而已，後面會越來越嚴重，甚至連性命都不保。」

小姐雙手緊握著手裡的包包，有些激動地說：「對啊！那位師姐說我上輩子是大財主、員外那種，我先生是我的小妾，在上輩子我看上了一位美麗女子，但她是有夫之婦，然後和小妾、就是我先生，我們一起設計如何奪人妻女。」

先生又說：「上輩子我們聯手坑害那對貧苦夫妻，先是構陷那位女子的丈夫偷竊我們的財物，再藉機逼迫那位女子償還債務，才願意放過她的丈夫。我們知道那位女子無力償還，所以脅迫她成為我的小妾來償債，最後女的出嫁當天投水自盡、男的得知消息後在牢裡咬舌自盡。最後去陰曹地府控告我們，並取得了黑令旗要來找我們報仇。」這位小姐非常心善，聽到這裡的時候，眼眶微微泛紅。

小姐語帶愧疚地說：「我們上輩子太過分了！這樣活生生地逼死人家，難怪祂們要來報仇。但是上輩子的事情，我們真的不知道自己造就了如此的罪過。」

先生邊安撫著太太邊說著：「我們很有誠意要解決這件事情，但是師姐說要辦一場超度法會，法會零零總總地算了算費用大概要十幾萬左右。可是……。」

小姐握住她先生的手，很無奈地說：「可是，我們兩個目前生活窘困，還要背負房貸與車貸，所以根本沒辦法辦超度法會，師姐說如果不盡快處理的話會有生命危險。然後我是您的鐵粉，您的每一篇文章與故事，我都有看！所以才和先生商量，專程過來拜託您。」

當下一聽完之後，我請他們將生辰八字寫在紙上，焚香恭請恩主做主，隨即查詢他們是不是有受到冤魂前來討報的問題。

時間約兩刻（半小時）過去，我坐在宮外的長板凳上，誠懇地向這對夫妻說：「你們並沒有受到冤魂討報，也沒有你們說的那種冤魂拿黑令旗要來找你們討命的事情。你們目前的狀況，主要是來自於本身的問題，在做事情上時常猶豫不定、心猿意馬，進而錯失良機；還有生活飲食與睡眠不規律，進而延伸出一些毛病。」

倆夫妻聽到我說的話，非常震驚！甚至不敢置信！異口同聲地問我說：「真的沒有冤魂要來找我們討命啊？」

我開玩笑地說：「所以你們很希望有冤魂來找你們討命啊？」

兩夫妻被我這麼一說笑了出來，放鬆許多地說：「沒有啦！當然不希望啊！只是我們一直認為是因為冤魂的關係，所以才會事事不順、身體不適。」

「我剛有說你們不順的原因，你們想想看剛才我說的那些話。」同時在心裡感慨著世道的沉淪，許多人因為生活受困、迷惘無助，跑去尋求宗教信仰的幫助，卻反而遭受到有心人士藉此欺騙。

我們做為一位修道者、一位修行人，要感恩自己擁有這個福份，應當闡揚正道給世人知道，為人解除疑慮恐懼才對！而不是為了滿足自己的私心欲望，更添他人恐懼藉此敲詐拐騙，這是最要不得的事情。

小姐沉思了一會後，認真地問著我說：「您說的對！我們夫妻為了生活，總是想要多賺一點，常常在關鍵時刻猶豫不決，很多進場時間就錯過了，最後進場時都是以告賠收場。」

先生嘆了一口氣後，懊悔地說：「我們兩個早出晚歸就是想要趁年輕多賺些錢，沒想到卻忽略了生活品質，時常忙到沒時間吃飯，睡沒幾個小時就要繼續忙，難怪身體會出現毛病。」

聽到這裡，我心裡非常的高興，高興的是他們兩人有聽進去我說的話。我苦口婆心地說：「現在知道了問題，你們就要正視問題並且去解決問題，別急著賺錢，先把身體顧好才是重點。我們有句俚語是這麼說的：『賺錢有數，性命要顧』。回去檢視一下你們的生活，再重新規劃一下吧！」

小姐突然好奇地問著：「好。對了，老師，我很好奇師姐說的那個『冤魂拿黑令旗來討命』的說法，是真的嗎？地府真的會頒發黑令旗給冤魂嗎？」

我邊抽著菸邊笑著說：「哈，有啊！只是沒有那麼恐怖啦！那就像是我們人間的支付命令，債權人可以去法院聲請來督促債務人還債，最後可以接著去聲請強制執行的概念。這樣你們聽得懂嗎？」

小姐越聽是越感興趣，她緊接著問：「那我們活著的人也不知道在上輩子做了什麼事情，積欠了什麼債務，那我們要怎麼辦呢？有沒有辦法可以預防呢？不然我當時一聽到那個故事，很懊悔喔。」

「有啊，懺悔改過！我們不知道累世以來做了多少的罪孽，所以我們平時要心懷懺悔，為過往所造的罪業懺悔，對著神佛菩薩的面前好好地懺悔，祈求滅除往昔所造的罪業。」我歡心地回覆這位小姐，因為在談話中能感受到她內心的那份善。

隨後我請她寫下懺悔文，希望她將這個文背起來，時刻心懷懺悔。

《懺悔文》

往昔所造諸惡業，皆由無始貪嗔癡；

從身語意之所生，一切我今皆懺悔。

我囑咐他們說：「我們平常除了懺悔之外，還要多做善事來迴向給我們的有緣眾生，為自己與家人們多積累些福德資糧。」

最後以《了凡大師》的禪語跟他們結緣：

人為善，福雖未至，禍已遠離；
人為惡，禍雖未至，福已遠離。

黑令旗小知識

說到黑令旗，第一聯想到的就是玄天上帝，因為在經典記載中，提到玄天上帝下凡斬妖除魔的時候，有個基本配備就是黑令旗。

「上賜玄帝披髮跣足，金甲玄袍，皂纛玄旗，統領丁甲，下降凡世」這段話裡面的「皂纛玄旗」指的就是黑令旗，皂纛的意思是古代用黑色絲織物所製的軍中大旗；玄旗是指黑色的旗子，玄色指的就是黑色。

關於玄天上帝黑令旗的由來，還有另一個版本是源自於《北遊記》這本小說影響所產生的民間故事。相傳玄天上帝一心向佛，在進入武當山修行之時，途中經過溪邊一個小村莊，看見一位單身無助的婦人正在痛苦生產，婦人請求玄天上帝將她生產用的姙產布拿去溪邊清洗。但是玄天上帝心想已經下定決心向佛求道了，絕對不能再去碰觸血汙之物，但是看見婦人孤苦無援，不忍心拒絕，於是玄天上帝就用竹竿將這塊妊產布挑了起來，放入溪水中清洗。

最後，這塊妊產布終於清洗乾淨，玄天上帝用竹竿從河中挑出舉起之時，這塊沾滿血跡的妊產布竟然變成了一面威風凜凜的黑色令旗！原本用來挑洗的竹竿瞬間變成了旗桿，上面掛著黑令旗隨風搖曳著。

原來這位婦人乃是觀世音菩薩所化，特來試探玄天上帝的為人善根及修道決心，並將黑令旗賜予玄天上帝可以用來調動天兵天將。

其實「黑令旗」的種類與用途相當多，我們會在很多的場合或是地方看到，有的進香隊伍中走在最前面的就是黑令旗，有的廟宇前面或旁邊也會豎立黑令旗，甚至神明降駕辦事時，乩童手中所拿的也是黑令旗，那麼這些黑令旗有什麼不一樣的呢？在這裡跟大家做個分享與介紹。

第一、等同神明的分靈（敬神如神在）

每一個國家都有屬於自己的國旗，學校也有校旗，軍隊中也有著軍旗，而黑令旗也可以說是代表神明的神旗，具有「見令如見神」的意義，所以很多宮廟都有提供令旗讓信徒迎請分靈。

第二、招兵買馬（召軍旗）

就像是現在的召集令的意思。當黑令旗懸掛在竹竿上面，豎立在廟前或是旁邊，可讓靈界眾生知道這裡正在招兵，若有意學習正道跟隨神明濟世佑民，符合資格的就會被收入麾下。

第三、安立五營（五營旗）

以五種顏色的旗幟來象徵五營兵馬在此駐紮守護，主要是以五方東、南、西、北、中下去排序，顏色分別為綠、紅、白、黑、黃。五營分別為「東營九夷軍—青旗」、「南營八蠻軍—紅旗」、「西營六戎軍—白旗」、「北營五狄軍—黑旗」、「中營三秦軍—黃旗」等。

第四、開路淨化的功用

北方屬水，其顏色為黑色，主要用意是在神明出巡遶境之時，為神明開路前導並掃除一切汙穢，以達上無妖氛、下無穢氣，並能調動兵將驅逐掃蕩作祟邪靈鬼魅等作用，讓神明的行經之路得到淨化，居民們也能共沐神恩。

第五、地府的支付命令

若有冤魂含冤而亡，依照因果關係來向東嶽大帝（有的說法是向地藏王菩薩）聲請，得到此令者可以前往陽間索報討債，而這種黑令旗並沒有實體形象。

願小女孩不再哭泣

「莫說虛空無報應，善惡到頭終有報。」天網恢恢疏而不漏，
別以為做了欺心暗室的事情，
沒有人知道，就可以粉飾太平。
很多事不是當下就會有報應，
而是需要時間等到天時地利人和來促成事件發生。
所有善惡果報，上天自有公評……

在二〇二〇年八月底，有位警界的朋友上來找我，他神情看上去相當疲倦，本來眼睛就不大了，現在又更小了些，下面還掛著兩個黑眼圈。

我看到他的時候，關心著他：「哎唷，晚上都不睡！是在忙什麼大事業

呀？」

他有些無奈地搖搖頭，然後有氣無力地問我說：「唉～這幾天晚上都睡不好，都一直亂夢啊！」

我問他說：「那是夢到了什麼東西呀？」

他語氣緩慢地說：「最近我都一直做一個同樣的夢境，我夢到有位小女孩拿著一支傘，站在一棵樹下哭著。這個小女孩年紀很小，然後那棵樹的周圍有些雜亂。但……她在夢裡邊哭邊看著我，所以這個夢到底是怎麼回事呢？」

我抽著菸告訴他：「別多想，說不定是挫尿夢（亂夢的）。」

從他的臉上表情，可以發現他還有點疑惑，他接著問我說：「所以這個夢真的不要緊吧？」想要再次跟我確認。

我看了他一眼，並露出詭異笑容，笑著對他說：「如果你後面還是一樣夢到這個夢境的話，就表示有問題了！至於是什麼問題，就要等你後面的夢囉～」

他的心情本來有些放鬆下來，聽到後面的這段話時，表情又開始凝重，他一本正經地問著：「所以我還會再夢到嗎？」

「不一定啊！如果你還有夢到的話，記得趕緊跟我說。」

哪知道，隔天一早我還在睡覺的時候，他竟然跑來我家樓下把我挖了起來。

他一臉著急地說著：「靠！我昨天晚上又夢到了誒，那該怎麼辦啊？」

當時我還沒回過神來，有些恍惚地問著：「所以你又夢到了？！夢境還是一樣嗎？」

「對！夢境一樣！不過昨晚那位小女孩哭得更厲害，她的哭聲是哭到撕心裂肺的那種，我在夢裡也能感受到她的痛苦，醒來卻莫名地有種心酸感。」

聽到這裡我瞬間回神過來，感覺得到這裡面有蹊蹺，並不是一般的夢，於是我告訴他說：「你趕緊去跟恩主燒個香吧。」

他有些困惑的問我：「所以燒個香就好嗎？」

「對，不對！你也要把這些夢境詳細地跟恩主稟告，越詳細越好，知道嗎？」剛睡醒，一開始還口誤了一下。

他燒完香之後，問我說：「這樣就可以了嗎？我需要請張淨身符回去淨一淨嗎？」

我告訴他說：「不用！不過要保持聯絡。」我們又閒聊了好一會後，他就回去上班了。

由於他的身份特殊，又一直做同樣的夢境，直覺告訴我這個夢境應該沒那麼單純，這裡面應該存在著某個訊息。

陰陽童子暗中相助

那段時間正好是我修煉「陰陽童子」的階段，每天的子時、午時都要修煉著密法，於是當晚子時修煉的時候，我將這件事情傳遞給陰陽童子，告訴仙童說：「你們去調查看看那個夢境到底是怎麼回事？」

兩位童子馬上說：「好！」說完之後，馬上消失無蹤。

而我繼續著密法修煉，過沒多久仙童們傳來了訊息，我的腦海中浮現出了一個影像。

我看見一位年紀大概五、六歲的小女孩，獨自一人很無助、很痛苦地哭著，感覺到這位小女孩非常地害怕，不知道在害怕什麼，我看她哭到全身顫抖，似乎身體上有著很痛的創傷，讓她痛不欲生。小女孩臉上已經哭到沒有了血色，蜷曲在一棵樹下哭著，不時抬頭看向我來，我看到她的眼神中投遞出了一種期盼和奢望，這也讓我心中萬分地不捨與難過。當下看到這種景象我著實嚇了一跳，心想這該不會就是我朋友夢到的那個夢境，隨之產生了許多的疑問，但這些疑問只能等待仙童們回來，才知道是發生了什麼事情。沒多久後，兩位童子回來了！但是祂們卻沒有出門時的歡樂，臉上掛著一抹哀傷與氣憤，眼睛裡面還泛著淚光的走到我的面前，我著急問：「怎麼了？是發生什麼事情啊？」

紅綠妝的童子非常悲憤地說：「就……就是有位小朋友被害死了啦！祂滿身的傷痕，還殘留著血漬啊……」

黑白妝的童子強忍淚水，插話說著：「祂……現在很痛苦也很害怕，一個人在那棵樹下哭著……」仙童們強忍著情緒把話說完，一說完祂們兩個忍不住悲傷落下了眼淚。

一聽到仙童們的話，我著急了起來！趕緊問著祂們說：「等一下，祢們說那個小女孩是被害死的！！這到底是怎麼一回事啊？！」仙童們一時說不出來話來，我不知道祂們看到了什麼，竟然哭成這樣！只好等祂們的情形平復一點後，再次詢問。

仙童邊啜泣邊述說著：「我們……我們瞧見祂被拖進了一個屋子，然後又被塞在一個很暗的地方，然後……然後就被埋起來了啊！祂一直說很痛……很痛啊……」

一個那麼小的孩子卻飽受折磨，活活被凌虐致死，死後靈魂卻沒有得到解脫，還被生前的苦痛束縛，無助又可憐的站在樹下哭泣著，祂似乎用著自己的哭聲來呼喚老天開開眼……

老天，能不能看祂一眼，就一眼！看看祂所受的委屈與折磨，讓祂可以不再承受這些苦痛，讓祂可以脫離這些恐懼與害怕之中。

聽完了童子們的敘述，內心非常地難過，我不敢想像這位小朋友生前是受到了什麼對待與折磨！我的勇氣不夠，我選擇了懦弱，不敢去窺探祂的靈體，因為我知道祂的靈體上面一定佈滿了受盡凌虐的烙印啊……

我努力調適心情，害怕一個不小心牽動了仙童們的情緒，最後我緩緩地告訴仙童們：「先看著祂吧！別讓祂受到其它孤魂野鬼的欺負，其餘的上蒼或許會有安排吧，你們可不能亂來，知道嗎？」

知道了這個事情後，我陷入了自我矛盾之中，因為有些事可以說、有些不可以說，但這是個血淋淋的冤情，那我到底該怎麼做呢？正義到底要如何伸張？

抽了快一包的香菸，最後我選擇稍微提點一下那位警界的朋友，拿起手機傳了LINE給他：「你最近留意一下案件，或許是跟這個夢境有關！記得多留意哦……」

他先回了一個驚訝的貼圖，接著問我：「真的假的！你別嚇我啦~」

「沒事的，我會請兩尊仙童過去幫你。只是你一定要留意……」

過了一段時間，老實說我也忘記了那件事情，印象中已經來到了九月初，我那位警界朋友來找我聊天，他神情凝重的說：「乾，真的碰上麻煩事了，這很複雜。目前也正在釐清中，因為也不確定是不是真的。」

我：「嗯，你自己要小心點！仙童們會幫你的。」

他聽到我這句話後，很疑惑地問：「怎麼幫？」

我說：「用心感受吧！總有花開月圓時。」

他卻認為我在唬爛，反而訐譙我說：「就說碰到了麻煩事，還說什麼花開月圓！你是不是用錯成語了。」

後來那一晚的子時，童子們出現了！我告訴兩位童子說：「什麼麻煩事，你們兩個知道嗎？！」

紅綠妝的童子說：「我們知道啊！就是那個小朋友的事情。」

我語氣非常認真地說：「那現在你們要協助他查案知道嗎？」

黑白妝的童子一臉疑惑地問：「什麼是查案呢？」

我忘了這兩位仙童年紀都還小，難怪祂們會問我說什麼是查案。

想了好久才想到怎樣讓祂們聽得懂，我說：「就是啊，他如果在找東西、找人的時候，他如果沒有發現，你們就讓他有靈感、讓他發現東西。知道嗎？」

兩尊仙童異口同聲地說：「好，這簡單！交給我們兩個。」

好幾天過去了，凌晨十二點左右，那位朋友又傳LINE來，內容是說：「現在是緊要關頭，但案情卻又陷入膠著，因為嫌疑人不肯透露實情，唉！」

我回他說：「冥冥之中自有安排，法網恢恢疏而不漏。」

當下的案情似乎陷入膠著，他感到非常的困擾！他用著非常無奈地語氣說：「唉！希望能夠可以有進一步的突破啊……」

「會的，總有花開月圓時。」

「靠，你又來這句話。」

就在隔天的晚上，修煉之前我抬頭看了看星空，原本那片烏雲已經飄走，月亮的光芒逐漸透露出來，我知道時機已經差不多了！

修煉時童子現身出來！我語重心長對仙童們說：「現在這位小朋友很可憐，害祂的人卻逍遙法外，你們兩個想不想幫助祂呢？」

紅綠妝的童子馬上回答：「我要幫助祂！」

黑白妝的童子接著說：「我也是！但我們要怎麼做呢？」

我說：「現在嫌疑人都不肯說實話，這樣害祂的人也無法被法律制裁啊！」

但兩位童子卻一臉疑惑地看著我，看了好幾秒後，紅綠妝的童子問我說：「什麼是嫌疑人？」

我說：「就是有可能害死祂的人，但不一定就是他害死的。你們聽得懂嗎？」

仙童問著我說：「反正就是讓他說出實話。對吧？」

我說：「對！但是你們不能違反因果定律與天條哦！知道嗎？更不能亂來。」

仙童們應允我之後，就馬上去執行這項任務，我在內心暗自祈禱著，希望這一切能夠順利。

然後我懷著這些心思走到房間準備休息，但是躺在床上時，心裡掛念的還是仙童們，不知道祂們現在如何！更擔心祂們兩個會不會忘了我交代的話！

隔天醒來時，我看到那位警界的朋友傳訊息給我，內容是：「沉冤得雪。」看到這句話，連日來心裡的那顆大石頭終於卸下來了。

我回他說：「這幾天辛苦了。」

他回我說：「我看了今天的日子，剛好是花開月圓時……」

那天手機上滿滿的網路新聞，都是在報導著這起案件！網路上與現實中大家都對這位小女孩的生世感到悲憫與不捨，更是悲憤著怎麼有人會對小孩子下這種毒手。

晚上那位警界的朋友上來找我，我們兩個坐在宮外的長板凳上，說著這一件虐童命案！他告訴我說，在上一次見面時，那晚我告訴他仙童們會前去幫忙，於是他在開車回去的路上突發奇想，想說乾脆回到所有相關線索的地點，找尋看看還有沒有什麼蛛絲馬跡。就在他的車開著開著，到達了某一個重要地點時，心裡面突然有種奇異的感覺浮現，讓他覺得這位小女孩應該就在附近。那個感覺讓他莫名地感到悲傷，這份悲傷是沒有理由的、這份感傷是突如其來的！而這種感覺，就像是爸爸媽媽知道自己的孩子受了委屈，想抱抱孩子、拍拍肩膀，給予安慰、溫暖的那種感覺。

地藏法會渡冤魂

雖然案件已經破了，但我絲毫開心不起來，因為我知道那位小女孩還站在樹下孤獨的哭著。

最後，我一個人坐在宮外，抽著熟悉的菸，心有點酸、有些低落的對著仙童說：「再去看看祂吧，陪陪祂吧！讓祂可以減少害怕。」

之後，正是我們宮裡要舉辦《慈悲地藏法會》的日子，在法會的前一晚我做了個夢，我看見普度法會時裡面擠滿了許多形形色色的鬼魂，這些鬼魂裡面有的彬彬有禮、有的粗曠不拘、有的氣宇非凡、有的清豔脫俗，男女老少、高矮胖瘦都有。

在我走過去的時候，祂們整個群擁而上，瞬間把我整個人團團圍住，當下我被擠得寸步難行。

不過，祂們臉上是開心的、是感恩的，完全沒有什麼惡意，只是單純想和我打個招呼而已。

隔天，普度法會。在開香召請好兄弟蒞臨法會的時候，天上突然飛來一塊烏雲遮住了太陽，一陣涼風刮了過來，似乎是好兄弟們在告訴大家：「我們來了。」

很明顯地感受到祂們來了！這陣風讓很多人感受到，真實地感應到。

開香完，我走到一旁的椅子上稍作休息，我拿出香菸抽著，一口又一口的煙霧在我的眼前飄散，煙霧裡浮現出了昨晚的夢境，眼前的會場裡好不熱鬧哦！人來人往的，說錯了！應該說鬼來鬼往的，接受著甘露法食與聽經聞法。

就在菸快要抽完的時候，突然感應到有位小女孩躲在角落哭，非常害怕的縮著身體，不敢去小朋友桌那裡吃東西玩耍。我趕緊唸動陰陽童子召請咒，請仙童們幫忙這位小女孩，陪祂去吃東西與玩耍。

隨後，仙童們傳來了訊息告訴我說：「我們帶她去拿了許多食物，正在吃著呢！」

我問仙童們說：「這位小女孩是怎麼了？感覺祂很害怕誒。」

紅綠妝的仙童說：「祂就是我們前幾天幫助的那位小女生，可是……後來祂的家人沒有帶祂回家，祂還一直在那棵樹下。」

黑白妝的仙童說：「所以～所以祂還很害怕，然後～祂的身體還很痛。」

我問著仙童說：「那祂會害怕祢們嗎？」

仙童們說：「不會啊！因為我們大祂一點點而已。」

我語重心長地告訴仙童：「祢們先照顧好祂，知道嗎？」

這時，整個心非常沉重，我又抽了第二根菸，我看著眼前的普度會場，心想著：「今天有許多受苦的鬼魂來到這裡，祂們雖然可以飽餐一頓，但是還在難受的靈體，該怎麼辦呢？」

沒想到這一根菸抽沒幾口後，我整個反嘔起來！有一股強大能量正在接近我，這是娘娘！這是娘娘即將到來的感覺！我趕緊將香菸熄滅，靜靜等待著娘娘降駕。

霎那間！九天玄女娘娘降駕了！娘娘降駕後揮動著法器。我的額頭瞬間冒出許多鮮血，娘娘漫步在普度會場中，用著富含靈力的鮮血，為每一位受苦的鬼魂靈療。

我相信在這裡的鬼魂，裡面有車禍往生、支離破碎的；有重病往生、身體消瘦的；祂們因此得到了幫助與救贖。

退駕時，我的腦海中浮現出一個畫面，兩位仙童看到娘娘正幫鬼魂們靈療時，祂們趕緊帶著小女孩走到娘娘的前面，請求娘娘幫忙！娘娘施予法力將小女孩身上的傷給醫好了，並給予了一個來自母親的愛，深深地關愛著這位小女孩。

小女孩不再疼痛了！小女孩不再哭泣了！

法會結束後，仙童們很貼心的陪著這位女孩，回到她原來的地方，時不時會去看望祂、照顧祂，讓祂不再害怕、不再感到孤獨。

祈求社會上不再有虐童事件，每位小孩子都能平安健康的長大。

願每一個受苦靈魂都能得到救贖

在道教的世界觀裡，即使肉身消失，痛苦或悲傷的執念仍會跟著靈體一起持續存在。這份執念會無時無刻重複播放著，也是祂們仍徘徊在人間的原因之一，因為這份痛苦沒有被化解。

就好比我們都勸人不要自殺，因為即使肉身就此離開了人世，精神上的折磨苦難並不會跟著煙消雲散，反而是就此錯過了讓自己解開這份苦難的機會，導致死後的靈魂一直背著這份痛苦而無處可去。每年一度的超度法會，正是為了這些孤苦冤魂所舉辦，藉由神明的法力庇佑，讓遊魂們獲得救贖與解脫、化解苦難與執念，而能夠放下一切，安心進入下一階段。

疫情之下，濟世不停歇

我恭敬地詢問娘娘：

「請示娘娘，目前疫情嚴峻，可以先暫停濟世嗎？」

娘娘直接了當的說：

「不行！濟世不能停！現在疫氣盛行人心惶惶，你更應該有所作為，來讓大家可以安定心神、祛瘟除疫；你也要持續為人解惑，所以我才說濟世不能停！」

當本土疫情爆發，街道上的行人少了許多，原本熱鬧的塵囂聲突然寂靜，眼前的景象覺得好陌生，連生活也隨之改變。

大家都害怕這一波疫情的擴散，心裡頭充滿了很多掛慮與擔憂，日常生活中的習慣也要改成不習慣了，更要在不習慣中讓自己習慣。

二〇二二年四月初，當電視與網路傳媒瘋狂地轟炸著疫情變化，確診人數猶如雲霄飛車那樣快速地往上飆升，疫情就像沙塵暴般席捲而來，甚至即將覆蓋全台，看到了疫情現況，我趕緊請示恩主們是否先暫停濟世。

每一回的濟世日，各地前來請示的信眾可謂不少，包含了收驚、賜福、問事、看熱鬧等人，他們總是將宮外的這條巷子擠得滿滿的，人來人往的好不熱鬧！也因為這樣前來的人眾多，所以我心繫著每一位信仰娘娘的人們，可不能讓他們受到風險啊！

那晚，有微風吹拂，更有黑龍（蟋蟀）的叫聲，儘管疫情侷限了我們此刻的生活與步調，但大自然似乎不受這波疫情影響，依然綻放著精彩。

我在神桌前面盤起腿來，開始了靜坐修煉。

微風、蟲鳴陪伴著我，感受到大自然傳遞著祝福與能量，此時的心是喜悅的、是寧靜的。伴隨著風，心亦如風，不受俗事所擾；聆聽蟲鳴，身在林中，不受環境所困。靜靜的、慢慢的，呼吸逐漸綿密細長，心裡持誦的咒語，迴盪在自己的身邊，彷彿雲煙那般裊繞著。

心定，元神逐漸清靈！神清，虛空瞬間而進！

霎那間一道白光乍現，我翻身一躍來到另一個空間，這裡依舊微風徐徐、鳥叫蟲鳴、若說有什麼煩心事，到這裡自然消失殆盡。

隨後，仙氣氤氳，彩色迷人的祥雲飄繞在四周，九天玄女娘娘優美地示現在祥雲之中！

我恭敬地詢問娘娘：「請示娘娘，目前疫情嚴峻可以先暫停濟世嗎？」

娘娘直接了當的說：「不行！濟世不能停！」

「但是現在疫情這麼嚴重，我擔心各地前來的信徒與我們的志工會受到影響……」，我有些著急地提出想法，話還沒說完。

娘娘典雅地笑著說：「濟世不能停，但是辦事可以暫停。因為現在疫氣盛行人心惶惶，你更應該有所作為，來讓大家可以安定心神、祛瘟除疫。若是眾生有問題向你詢問，你也要持續為人解惑，所以我才說濟世不能停！」

我剛聽到娘娘的話時有些困惑，想了一下才領會出娘娘的語意，娘娘總是如此慈悲，無時無刻都關愛著祂的兒女們、信仰祂的人們。

現在每個人的心中幾乎充滿了恐懼與不安，深怕疫情找上自己或家人！在眼前的這個時期裡，我們更要穩住這些不安的心。

撫慰人心的祛瘟除疫淨身包

我眼眶微微泛淚地說：「感謝娘娘的慈悲大愛，恭請娘娘示下，弟子現在該怎麼做才好？」

娘娘揮了一下衣袖，彩色的祥雲隨著這股風，飄到了我的身邊。

瞬間我的腦海裡，浮現出了幾部我曾看過的古裝劇，裡面有演到瘟疫的章節，這些畫面就像走馬燈那樣，讓我快速地閱覽一遍。

娘娘的眼神非常的慈悲，你能深深地感受到這裡面有著偉大的愛，娘娘輕輕地說著：「以前瘟疫盛行時，皆有郎中、大夫，出來佈施藥方、藥材出來救濟百姓，而現在有醫生為這些患者治病，但是大家的內心還是一樣焦慮不安，以中草藥製成淨身包供大家使用，讓大家心神可以藉此安定下來。」

娘娘慈悲地問著我：「那你知道該怎麼做了嗎？」

我有些淘氣地問娘娘：「可是我不知道要配什麼中草藥誒！」

娘娘笑了笑，祂說：「主要的幾項藥材你先記下，其餘的藥材在因緣具足時你自然知曉。」

「我知道！感謝娘娘的聖示。我趕緊著手去做。」

靜坐完，我趕緊將這些中草藥記下，連續好幾天跑了很多間中藥店、青草店等等，都沒有找到有一間願意製作，有的是沒有機械、有的是嫌費工、有的是有賣中藥但沒賣草藥、或是有賣草藥但沒賣中藥。

終於，皇天不負有心人！最後在四月十二號晚上，無意間看見一間中藥房，我騎著機車趕緊調頭過去，沒想到店家正要打烊休息，我連忙走了進去。

我很不好意思地說：「老闆，不好意思！您要打烊了還來打擾您。」

老闆語氣平淡地回：「你要買什麼呢？」

我趕緊從口袋裡拿出那張皺皺的小紙條並遞給了老闆。

老闆看了看問著我說：「這些藥材有幾項沒有現貨要調，可以等嗎？」

聽到時我非常地驚訝，有些懷疑地問著他說：「所以上面寫的這些都有，只是要等個幾天嗎？」

老闆語氣依然平淡地說：「你如果現在就要拿的話沒辦法，如果你可以等的話，我可以向同行調貨。」

我整個開心到不行，趕緊向老闆說著：「那調貨的話，大概要等幾天呢？」

他說：「四五天吧？你這個是要做什麼用的？」

我回：「要用來做成淨身包的。」

他聽到我的話之後，又拿起那張單子看了看，隨後向我說：「我會建議您再增加我們店的配方進去，這樣效果上會更好！」

突然我想起了娘娘說的那句話：「主要的幾項藥材你先記下，其餘的藥材因緣具足時你自然知曉。」

我馬上問老闆說：「那有現貨嗎？我可以先看看嗎？」

然後老闆走到裡面拿出了一包攪碎的藥材，我接過手後立即打開來看，一打開時，藥材的香氣四溢，當下有個直覺告訴我就是這個。

我問著老闆說：「這裡面有幾種藥材啊？分別是哪些呢？」

這個時候老闆有自信地回答：「我們店的東西都是很實在的，這裡面總共有四十九種藥材，不像一般的除穢淨身包只有簡單的幾樣青草仔。」

四十九種藥材再加上娘娘指示的部分，這樣我們淨身包的藥材就有高達五十幾種誒！娘娘冥冥之中都幫我安排好了，真的太感謝娘娘。

於是，當晚我馬上跟老闆下訂！走出中藥房，心裡面的大石頭終於落下。回到家已經很晚了，爸媽問我怎麼那麼晚才回家，我將娘娘指示的告訴他們，爸媽聽到後非常開心地說，他們要當第一個護持的。（在這裡很感恩我的爸媽，在濟世的這條路上一直以來支持著我，也給予我最大的鼓勵與認同。）

詢問好後就安排開始製作生產了！但我卻想到一個問題，現在每天的確診數逐日攀升，那這些怎麼夠呢？畢竟我一個人的力量也是有限的，我獨自坐在宮外抽著菸，思考著後續工作要如何推動。

仰頭看向天空，發現這一夜，天空沒有一絲的光明，看不見的烏雲將僅剩的月給蓋住了，不過卻有一顆星星獨自發光！儘管很微弱。

我將大概的後續工作規劃好後，再次抬頭看向剛才的那顆星星，咦？怎麼沒多久的時間，又多出了好幾顆呢？！

星星一顆接著一顆的浮現，夜空慢慢地佈滿星光！這個時候我開心地笑著。

現在疫情期間就像黑夜一樣，原本黑壓壓地一片，而當那顆星星努力綻放的時候，其餘的星星也跟著一起綻放。

只要我開始推動、開始去做，相信會有很多人跟著我一起做，而我們就像這夜空裡的星星，雖然烏雲密佈但依舊努力綻放。

後來有人問我說：「這次祛瘟除疫淨身包，你有預計要發送多少出去嗎？」

我回答說：「不知道。」

他一臉疑惑地說：「為什麼不知道呢？」

我心情很沉重地回答他：「這個東西，如果越多護持，我們就能做更多出來發送，所以我也無法告訴你，要發送多少出去，因為這是多多益善的。」

他告訴我：「我支持你！我來幫你揪人一起做，團結力量大。」

後來我們集結了一群人，將善的能量齊聚一起！在這個艱辛的時期裡，一起完成這件艱辛不平凡的事情，我們製作了數以萬包的《祛瘟除疫淨身包》，更是從北到南都有發送地點。讓在疫情中徬徨恐慌的人們，可以擁有九天玄女的愛以及我們每一位善心大德的祝福，將這顆不安害怕的心安定下來。

疫病蔓延時，正是修行好時機

在疫情期間，我們的生活或許因此被打亂了腳步，但我們內心的慈善與寧靜更要保持住，記得有句話是這麼說的：「一善破千災」，而這個善是指我們的內心根源，那份最真的心念！利他而自利的想法，不求任何回饋的付出心態。

每一個起心動念都會影響未來的結果，所以才能破千災呀！相反的，如果是自利而損人的心念與想法，那就是「一惡地獄開」。

在艱難中要保持慈悲心，在困境裡廣行菩薩道，佈施醫藥、佈施無畏、佈施財寶、佈施妙法等等，將可利益他人利益自己，讓福慧得以齊修圓滿。

致因發願而閃閃發亮的每一顆星星們

當大自然感應到星星的願望，便會用專屬的方式祝福著每一顆星星。雖然星星沒有月亮來得亮，但當星星一顆接著一顆閃爍的時候，連烏雲也遮蔽不住這滿天的星光，最後在夜裡，我們依然看得見這份自性潔淨的光。

每一個人都有著屬於自己獨特的「潛能」，可以讓你走到擘劃已久的美好未來，生命因此得到幸福美滿。

現在的你或許心有餘而力不足，許多事情都趕不上你所設想的目標與結果，但是千萬別輕忽了自己，因為你尚未發覺到自己所潛藏的能力與能量。這些摸索的過程都將會引領著你逐漸走向目標，並且豐富你的生命甚至是靈魂！

保有「願」是非常重要的，發願就是給自己（這裡頭也是包含了你的靈魂）訂了一個目標，一個利人而利己的目標。

當發了願就要去行願，要去實踐、要去履行！讓自己可以朝著這個目標前進，這是從「現在狀態」到「如我所願」的道路，要勇敢有擔當的前行，為自己的人生與靈魂獲得專屬的經驗。

或許，你會出現一百個想放棄的藉口，那麼你的「潛能」將只會潛藏在你永遠看不見的地方，所以藉由「願」的設定與實踐，你才能擁有獨特的「潛能」。

豐富你的生命吧！你的靈魂將擁有祂所想要的體驗！

疫情爆發時的求救事件

當遇上了困難苦痛的時候，內心難免會產生恐懼與迷惘，這個過程會很艱難辛苦，但千萬不能放棄自己。我們每一個人總有著無可限量的潛能，更有著無邊無際的願力，當我們下定決心去做，這股力量就會顯現出來。

有句話是這麼說的：「天助自助者。意思是說，上天是幫助那些肯幫助自己的人，倘若自己不肯努力，那麼誰會幫助你呢？」求神，並非向神明求了什麼，自己卻完全不努力，就等著神明幫你完成願望；是讓我們在困難苦痛的時候有所依靠，指引我們方向進而去努力。

黑暗中微弱的喘息聲

在二〇二一年五月底的凌晨一點半，我剛做完靜坐功課，回到房間裡準備休息，睡前習慣先滑一下手機，看到FB有一則未讀訊息。點開一看，大頭貼是位貌美的小姐，她傳來的內容是：「哈囉～邱先生您好。」

我很有禮貌地回覆著：「哈囉～晚上好。請問有什麼事情嗎？」

這個時候我點進去看這位小姐的個人檔案，我知道她！因為每次我發佈了故事或是動態時，總會在我的文章下面留言，算是一位忠實讀者。

不到五秒鐘，胡小姐馬上傳來了新訊息！

「想請問你們宮現在有問事嗎？」

這時我已經躺在床上，快要睡著了！我回覆著：「不好意思，目前都暫停了，因為疫情的關係，怎麼了嗎？」

她說：「我想要請示九天玄女，因為我姐現在確診了，我很擔心她的安危。」

看到這個訊息我趕緊問著：「目前還好嗎？輕症還是？」

「我姐說她現在整個肺部都快咳出來，心藏也有點負荷不了……我都不知道要怎麼救他們……我唯一想到的只能求神明幫幫他們……」

看到胡小姐傳來的這些文字，螢幕上的每個字變成了一顆顆的大石頭，一直往我心上壓，越看心情越沉重，我連忙起身走去浴室洗臉，趕走已經進入體內的瞌睡蟲。

按著手機螢幕上的鍵盤，我詢問她：「你姐有沒有去看醫生？」

胡小姐告訴我：「有的，目前正在接受治療中，可是情況還沒改善……」

「看到這裡，真的於心不忍！我等等幫你向娘娘祈求。」

胡小姐回傳了訊息：「我現在真的很難過，很擔心！我很怕……」

「我知道妳現在的擔心與恐懼，先別著急知道嗎？妳把姊姊的資料給我，我待會向娘娘稟告祈求。」我安慰著。

隨後，我趕緊打開宮門！點燃三炷清香，走到神桌前面將資料稟告給九天玄女娘娘，稟告完將香插入爐中之後，開始了靜坐。

脊椎挺直，兩肩平張，微縮下顎，舌抵上腔，吐納調和，定心淨身，閉目觀神，通靈達聖，與道合真。雙手結起法印，口中持誦著咒語真訣！

沒多久後，突然！聽到一陣陣的喘息聲，不時還伴隨著很深的咳嗽聲，但這聲音很薄弱也很無力，似乎咳了很久、咳到沒力了。

我感受到她內心非常恐慌害怕，她害怕失去健康、失去生命、失去親人、害怕各式各樣的問題，恐懼一直無限地增生，已經快把她給吞噬掉了，就像掉入沼澤裡面，已經快被滅頂了。

而這些負面想法更像枷鎖般牢牢地鎖住她！這時候的她深受著身心痛苦，像在黑暗中看不見任何的光芒與希望，更看不見未來的模樣。我真實地感知到她的種種苦痛後，趕緊為她修法祈福，期許著這位胡大姊可以化險為夷！順利地度過難關。

「九天九天，上古真仙，誠心恭請，下降凡塵，速降真氣，護佑身形，驅邪外出，永保清寧，急急如九天玄女律令勅。」我口中反覆持誦著九天玄女的真言神咒，祈請著娘娘示現相助賜予能量。霎那間，來了！九天玄女娘娘來了！娘娘在虛空之中示現，祂就像媽媽那樣捨不得兒女遭受苦難的折磨。

虛空中，我看見慈悲的娘娘賜予潔淨的光芒照撫著，光芒逐漸遍佈在她的身上與心靈，療癒著胡大姊的身心，一點一滴的滋養著，一點一滴的加持著。她的那些負面能量，也逐漸被這道潔淨的慈光給淨化了。

夜裡修法，讓元辰宮重回光彩

修法完，我坐在宮外的椅子上，拿出手機發了個訊息給胡小姐。

我告訴她：「娘娘指示，這一關非常危險，但是娘娘會盡力幫忙，不敢保證可以化險為夷，因為取決於她本身的意志力。所以你目前要做的就是，給予你姊心靈上的能量（鼓勵、陪伴，讓她恐慌的心盡量平穩下來），這樣她才有力量，勇敢地面對病苦！

還有就是你也可以專心唸誦《崇受宮九天玄女》，這份功德力將會迴向到你姊姊的身上。」

胡小姐看到訊息後，馬上回傳：「其實娘娘是不是為了安慰我，不講實話給我聽……。」

我告訴胡小姐說：「娘娘就像母親一樣，不會放棄自己的兒女，我們要相信娘娘的慈悲，雖然眼前這一關很危險，但娘娘會盡力幫忙的。現在妳要跟娘娘一起做，一起幫忙你姊！雖然結果如何我們不知道，但不能自己先放棄了啊……。」

胡小姐看到這段訊息，心似乎有比較安定下來了，她說：「好的我知道了！真的謝謝你，這麼晚了還打擾你休息，為了我家人我會努力去做的。」

我跟她說：「跟你姐分享娘娘慈悲的愛與事蹟，因為她現在內心很害怕，已經墮入深淵了，她看到的是無止盡的黑暗，已經沒有一絲光明，所以妳更要幫她，讓她感受到慈悲的愛與光芒。」

胡小姐問著我說：「那我要怎麼分享呢？」

我告訴她：「我之前分享的那些故事與案例，妳說給姊姊聽，讓她在言語中感受到娘娘的愛，或是複製我的文章給她看也可以。」

隔天，我再次為胡大姐修法，並在神前供了一盞燈與一杯清水，願她光明清淨。

當夜修法時，我的身子向空中縱身一躍，霎那間來到一座房屋前面，環視一下房子的外觀與四周，這房子好像剛被沙塵暴侵襲過那樣，外觀和前面空地都覆蓋了一層厚厚的塵土。我心想這應該是她的元辰宮，而這些塵土所呼應的就是她目前深受痛苦的病症，那我有能力可以改變這個現況嗎？！

就在這個時候，想起仙師曾教導過我的一句話：「要在不可行的情況下，行可行之事來利益眾生。」我站在這棟房屋前面，雙手抱躬朝空中一拜，觀想著《七祖仙師》並唸著仙師的咒語，祈請仙師降臨恩眷。

頃刻間，只見空中烏雲四合、狂風大作，我再次朝著空中抱躬禮拜，以望仙師靈應助我一臂之力。瞬間風雨傾盆而來，灑落在這片土地上，這場風雨就像颱風那樣猛烈，一下子就把這棟房屋上的塵土洗得乾乾淨淨。

我承接著這場甘霖，感念著仙師慈悲，用以拂塵拂去塵埃，用以淨水滌去汙垢，胡大姊的元辰宮露出原本的外貌與光亮。

此時，房屋內走出一位年過七旬的老翁，緩慢地朝我走來，向我鞠躬點頭，並問著我說：「請問尊駕是何人？為此勞其法力。」

我向這位老翁說：「我是崇受宮的門生，初出茅廬，還請前輩莫怪。」

老翁回答：「謙虛謙虛，你有天神相助身份定是不凡。吾是此元辰宮的宮公，感謝相助。此元辰宮才能重見光明。」

修完法後，我的心也寬慰很多！相信好消息不遠了。

後面幾天裡，胡小姐日以繼夜、何時何地都持誦娘娘聖號！因為她心裡一直期待著姊姊可以早日恢復健康。連胡媽媽也被胡小姐的行為感動，跟著一起持唸娘娘聖號，母女倆人誠心念誦著，這股願力與持誦的功德力，是直接地利益胡大姊。

終於，胡小姐傳來了好消息，跟我說她姊的狀況舒緩很多，也順利解隔離出院了。

因為愛，得以戰勝了眼前難關！這一份濟世渡人的愛，一份姐妹情深的愛，一份母親護女的愛，交織成一份勇敢無畏的能量，讓損傷的身心得到了療癒。

疫情之下，更把握當下

再安穩的生活總會碰上意外，就像晴天遇上了午後雷陣雨，原本湛藍的天空突然烏雲密布成了黑漆漆的一片，緊接而來的是大雨雷鳴侵襲。

新冠肺炎就像是這場午後雷陣雨，破壞了晴空萬里的好天氣，疫情的蔓延更是打亂了大家原有的腳步與模式，深深地影響了你我的生活。

其實，當我們即將面對失去時，你就會想特別擁有與珍惜，在疫情期間更是如此！你將擔心著家人與自己的健康，深怕失去健康、甚至失去家人。

世上的一切都是短暫的，並非永恆的存在。把握每一個當下、珍惜每一個時刻，人生才不會徒增遺憾。

凌晨兩點的緊急訊息

「老師，非常不好意思，現在三更半夜還來打擾你，但是不知道為什麼只要遇到困難的時候，都會想到娘娘然後就忍不住哭了。

今天下午我兒子就開始懶懶的，我去摸才知道他發燒了，馬上幫他量耳溫，燒到了三十九點三度。我很害怕他是不是確診了！只好壓著他做快篩，他已經很不舒服，快篩時他一直哭，我也跟著他哭。

沒想到，快篩的結果是兩條線陽性！我當下緊張到手在發抖，我不敢相信兒子確診了。

我趕緊開車載著小孩往醫院去，著急地將車停進停車場後，我趕緊抱著孩子往急診室跑，沒想到急診室外面滿滿的都是人，我緊張到都哭了出來……

我邊哭邊詢問著醫護人員該怎麼辦，醫護人員都很熱心地幫忙，告訴我該怎麼做，也在他們的幫忙下順利讓醫生看診。醫生診斷後告知我，把小孩帶回家休息就可以了！但是要注意小孩的體溫與血氧等等的注意事項。我拿了藥就帶兒子回家，但這一個晚上我的兒子反反覆覆的發高燒，燒了又退、退了又燒，我非常無助看著孩子難過的樣子，眼淚又止不住的流下……我現在心裡一直拜託娘娘保佑，讓我的兒子可以舒服一點，不要這麼難受！我想請問師兄，現在的我可以幫兒子做些什麼嗎？」

這封訊息是在五月十九號的凌晨兩點傳來的，我知道這位單親媽媽，她是相當堅強的一個女人，辛苦工作獨自撫養著孩子。

之前我在臉書上發佈了一篇有關婆媳問題的故事，引起了許多人的留言回應，每一個人的回應我都會認真看過，其中裡面有位女生留言，她寫了很長的一篇文，大概的內容是說她因為婆媳問題搞到自己身心即將崩潰，然後先生卻都沒有做出適當的處理與調解，最後她毅然決然的選擇離開，自己帶著孩子生活。

我回覆著她：「以往的苦痛都已經過去，現在的你不該活在過往的苦痛中，你要邁向光明的未來，和孩子一起擁有快樂！當你不再執著於過去的傷痛時，心自然就會快樂起來。這樣你們的生活才會更加幸福與豐富，加油！相信明亮的光芒會再次灑落的。」

後來這位女生加我好友，將我寫的每一篇故事、每一段小語都細細品味，當她每看完一篇就會傳來閱讀心得與我分享，她因為這些文字感動了內心，成為九天玄女的信徒，更護持著我們宮裡每次的法會與慈善活動。

我們不曾見過面，不過在文字間可以發現，她是一位有氣質修養的女士，內心也保持著美麗的良善，在生活中她身兼多職、維持經濟收入，並能規劃好時間給予小孩正確的教養，她是一位艱辛偉大的媽媽。

即使工作與家庭的繁忙，並無淹沒掉她心中的那份善，每回的法會與活動，她都默默地匯款進來，護持著我們的聖業，她的慈悲與愛是偉大的，是讓我佩服的，因此我對她很有印象。

因此當我一看到訊息時，我趕緊發了訊息過去問她：「不好意思，我現在才看到訊息，孩子目前還好嗎？」

沒幾秒，她立刻回訊過來：「老師，對不起，是不是吵到你休息了？」

「我還沒睡，所以沒吵到我，別多想。」

她傳了一個不好意思的貼圖，並說著：「老師，你現在還在忙嗎？真的很抱歉，打擾您了。」

「我還在整理資料。怎麼了嗎？」

「我現在真的好自責哦！我一直在想是不是我害我兒子確診的，是不是我不應該在疫情嚴重的時候還讓他去上課，是不是我給他的防護做得不夠多……。」

我看著螢幕上的文字，感受到她內心的懊悔與愧疚，這是母親的天性與愛，母親總是寧願自己受苦也不願看到孩子痛苦。

我深吸了一口氣後，回傳：「我問妳現在思考這些對孩子有幫助嗎？」

她傳個大哭的貼圖，並說著：「沒幫助……老師我可以打給你嗎？」隨後這位師姐撥打了語音通話過來，我接起來之後，發現她的語氣怪怪的，哽咽卻裝作沒事。

我對她說：「妳要知道想這些是沒幫助的，所以別再去想了。現在你要想的、你要做的，應該是如何照顧確診的兒子，知道嗎？你要堅強。」

我話一說完，她忍不住情緒，馬上崩潰大哭起來！哭了好一會後，勉強地說出：「老師，可是我好捨不得我兒子這樣難過。」

「我懂，更知道你的不安與無助。現在正下著一場暴風雨，你的孩子正被暴風雨侵襲著，那你手裡的傘要趕緊撐開啊！要趕緊去為你的孩子遮風擋雨啊！不能拿著傘卻沒有任何的作為。所以眼前最重要的是把孩子照顧好，讓他趕緊恢復健康才對，妳如果沒振作起來，那孩子怎麼辦呢？」我語重心長地說著。

她啜泣著說：「可是，我不知道現在還能做些什麼可以幫助他早點恢復起來。」

「小孩有去看醫生了嗎？有沒有吃藥了？你有沒有幫小孩貼退熱貼、躺冰枕之類的？（我沒有帶過小孩，所以我腦海的資料庫也是有限，當下只問了這幾項。）」

「有，我都有幫兒子用。但是一直反反覆覆的，退燒藥和塞劑我不敢讓他一直使用，只能看他燒了又退，退了又燒。」

「妳有沒有先詢問醫生呢？醫生怎麼說？」

「有，醫生有教我怎麼處理。但是我想再做些什麼來幫助他……」

「那就好！妳有沒有拿到我們宮的淨身包呢？」

「有，我也有泡一桶幫我兒子擦拭額頭與身體。」

「好，我現在告訴你怎麼做：

第一，妳的心要勇敢堅強，並且堅信著娘娘會保佑；

第二，用碗裝淨身包的水，然後放在桌子上；

第三，妳端著這碗水唸九天玄女的六句神咒，不過現在還要再加兩句。」

「老師，是『九天九天，上古真仙』，這個咒語嗎？」

「對！九天九天，上古真仙，誠心恭請，下降凡塵，速降真氣，護佑身形，（驅邪外出，永保清寧），急急如九天玄女律令勅。」

「那我要唸幾遍呢？」

「以誠為念，唸之以誠！多多益善，一碗看是要三十六遍、四十九遍、百零八遍都可以。唸完可以拿來幫他擦拭額頭身體，或是用小毛巾沾來覆蓋在額頭上。

這個神咒就是請娘娘賜予能量，護佑著我們的身體元辰，將體內的邪氣驅除出去，（這個邪氣並不是妖魔鬼怪的那種邪氣，而是中醫所說的邪氣）讓身體早點恢復健康。」

「老師，真的很不好意思，這麼晚還來打擾你。」

「要記得，妳的心要先調適好，不要有過多的恐慌與害怕。安住己心才知道如何面對問題，並有智慧地去處理問題，不管遇到任何事情都一樣。」

「老師，什麼是安住己心呢？」

「就是我們的心無法安定下來，無法安於日常、無法安於此時，懸掛在一件又一件的煩惱裡面。我們要想減少煩惱擁有幸福時，就要安住自己的心。而我們要學會在任何環境裡、任何時刻中如何讓自己的心保持安穩平靜。

三毛曾經說過：『心若沒有棲息的地方，到哪裡都是流浪。所以只有心安住，心才有所歸屬。』這樣可以理解？」

「謝謝你，我會學習把心安住下來的。」

兩天過去了，這位女生傳來了訊息，內容上說到：「感謝老師的幫忙與教導，兒子已經好很多了！只剩咳嗽而已。這一次遇到這種事情，我也慌了手腳，還好有你的幫忙，讓我在恐慌之下，將心給安定下來。也讓我感受到娘娘與你的慈悲，我們都深深地感受著，真的很謝謝你。」

最後我帥氣地回覆她：「這沒什麼，要照顧好自己與孩子哦！加油，你是孩子的太陽，要持續引領他走向光明的康莊大道。」

堅強的母愛可克服一切

法國諺語：「女人固然是脆弱的，母親卻是堅強的。」

這句話聽在天下母親的耳裡，想必心有戚戚焉，母親總是用盡無私的愛灌溉著孩子，面對著孩子總是給予無盡的愛。

許多女生在寶寶出生後，除了身份的轉變之外，其實就是內心愛的層面的提昇。她會從一個「弱女子」蛻變成了「女超人」，因為她的生活中無時無刻都為孩子著想，為了孩子而改變與茁壯。

「為人父母天下至善，為人子女天下大孝。」

曾經這位媽媽，或許也會任性，嚮往自由，喜歡各種興趣，但在當媽之後，所有的重心都會放在小孩身上，將會是孩子的支柱，是孩子最強大的後盾。

這一切改變的動機，就是來自於偉大的「母愛」。

心安之處，即是歸宿

真正的幸福是來自於這顆安定寧靜的心。

當我們試著讓自己放鬆下來，敞開自己的心，就會有勇氣去擁抱生活中的變化，而真正的幸福是來自於這顆安定寧靜的心。

心安了，人就變得安詳篤定，無論順境逆境，處處都是人生的歸宿；心寬了，人的眼界就開闊了，格局就大了，人生之路也會越走越寬。

除了前篇提到三毛作家的名言，還有一位我們耳熟能詳的古人蘇軾，他因為仕途失意被貶官到嶺南，進而寫了一首《定風波》，其中最後一句所要表達的就是：不論在何處，只要自己的內心安定下來，那裡就是他的歸宿、就是他的家鄉。

心安之處即是歸宿！

《定風波》 蘇軾

常羨人間琢玉郎，天應乞與點酥娘。
自作清歌傳皓齒，風起，雪飛炎海變清涼。
萬里歸來顏愈少，微笑，笑時猶帶嶺梅香。
試問嶺南應不好，卻道，此心安處是吾鄉。

2AF727

神明想讓你知道的事：
松柏坑囝仔的奇幻修煉旅程

作　　者　邱風
特約編輯　王韻雅
美術編輯　張哲榮
版面構成　張哲榮
封面設計　走路花工作室

行銷主任　辛政遠
行銷專員　楊惠潔
總 編 輯　姚蜀芸
副 社 長　黃錫鉉

總 經 理　吳濱伶
發 行 人　何飛鵬
出　　版　創意市集
發　　行　城邦文化事業股份有限公司
歡迎光臨城邦讀書花園
網址：www.cite.com.tw

香港發行所 城邦（香港）出版集團有限公司
香港灣仔駱克道193 號東超商業中心1樓
電話：（852）25086231　傳真：（852）25789337
E-mail：hkcite@biznetvigator.com
馬新發行所 城邦（馬新）出版集團
Cite (M) Sdn Bhd 41, Jalan Radin Anum,
Bandar Baru Sri Petaling, 57000 Kuala Lumpur, Malaysia.
Tel：(603) 90563833　Fax：(603) 90576622
Email：services@cite.my

印　　刷　凱林彩印股份有限公司
初版一刷　2022年9月
I S B N　978-626-7149-26-3
定　　價　380 元

若書籍外觀有破損、缺頁、裝訂錯誤等不完整現象，想要換書、退書，或您有大量購書的需求服務，都請與客服中心聯繫。

客戶服務中心
地址：10483 台北市中山區民生東路二段141號B1
服務電話：（02）2500-7718
（02）2500-7719
服務時間：周一至周五9：30 ～ 18：00
24 小時傳真專線：（02）2500-1990 ～ 3
E-mail：service@readingclub.com.tw

廠商合作、作者投稿、讀者意見回饋，請至：
FB 粉絲團 http://www.facebook.com /InnoFair
E-mail 信箱 ifbook@hmg.com.tw

國家圖書館出版品預行編目（CIP）資料

神明想讓你知道的事：松柏坑囝仔的奇幻修煉旅程 / 邱風 著.
-- 初版 -- 臺北市：創意市集出版：
城邦文化發行，2022.09
面； 公分
ISBN 978-626-7149-26-3（平裝）

1.CST: 民間信仰 2.CST: 靈修

271.9 111014929